U0907824

龚 鹏 程 大 学 堂

浑身是打

龚鹏程 著

浙江古籍出版社

图书在版编目（CIP）数据

浑身是打 / 龚鹏程著 . -- 杭州 : 浙江古籍出版社，2022.7

（龚鹏程大学堂）

ISBN 978-7-5540-2150-7

Ⅰ . ①浑… Ⅱ . ①龚… Ⅲ . ①社会科学－文集 Ⅳ . ① C53

中国版本图书馆 CIP 数据核字（2021）第 222802 号

龚鹏程大学堂

浑身是打

龚鹏程 著

出版发行 浙江古籍出版社

（杭州体育场路 347 号 电话：0571-85068292）

网 址 https://zjgj.zjcbcm.com

责任编辑 陈小林

文字编辑 屈钰明

封面设计 仙境设计

责任校对 吴颖胤

责任印务 楼浩凯

照 排 浙江时代出版服务有限公司

印 刷 浙江新华印刷技术有限公司

开 本 880mm × 1230mm 1/32

印 张 6.5

字 数 132 千字

版 次 2022 年 7 月第 1 版

印 次 2022 年 7 月第 1 次印刷

书 号 ISBN978-7-5540-2150-7

定 价 58.00 元

总　序

古今中外，没有思想家不爱讲说的。印度之佛陀，说法四十九年，讲经三百余会。殁后弟子结集的听讲记录，卷帙浩繁。希腊则苏格拉底、柏拉图等哲人也老喜欢拉着人讲，传下了许多对话录。

这些，都是“讲”。但值得注意的是，他们并没有“讲学”一词。讲学这个词，是中国独有的。中国人本领多在一张嘴上，除了吃，就爱讲，颇以讲学为乐，如陆放翁《北窗怀友》诗曰：“幸有北窗堪讲学，故交零落与谁同。”

中国没有对话录，只有讲记、讲义。所以宋明理学家的语录才老被人怀疑是受了禅宗的影响。而即使是语录，也仍非对话录。至于《论语》，颇有人以为即是希腊那种对话录，其实也非是。故我国讲学的传统颇有值得深究之处。

讲学至迟在春秋时期已有。《左传·昭公七年》记：“孟僖子病不能相礼，乃讲学之，苟能礼者从之。”孟僖子擅长替人襄赞典礼，老病而讲学，许多人遂跑去跟他学礼。可见春秋时已有讲学之风气。

孟僖子是孔子的前辈，很欣赏孔子，孔子讲学也就继承了这种精神。但孔子又是有所发展的。《论语》记载孔子曾感慨：“德之不修，学之不讲，闻义不能徙，不善不能改，是吾忧也。”可以看出讲学已是常态，若不能经常讲学，还会被认为是种缺点呢！讲学也被当成一种跟修德、改过、迁善相同的“改善人存在状态”的方法。

孔子的话里还有一层意思不能忽略：讲学不仅行诸师弟之间，也在朋友之间。平辈交游，即须讲学。这也可说是儒家教育观的精义之一。儒家的朋友观，正建立在讲学上，彼此讲习道义，才是朋友，否则便成了小人酒食相征逐，共趋于下流。《论语》开篇道：“有朋自远方来，不亦乐乎！”讲的就是这个，不是泛说一般亲朋来访。它上面一句“学而时习之，不亦说乎”其实也是指讲学。

因为讲学之“讲”并不只是口说，《左传》记孟僖子讲学的那句话，杜预注：“讲，习也。”讲与习是同义词，《易》云“君子以朋友讲习”，把讲习合成一个词，也是这缘故。

讲就是习，故“学而时习之”事实上便是讲习不辍。这是古代通用的词意。如《玉篇》云：“讲，习也。”《左传·隐公五年》：“春蒐、夏苗、秋狝、冬狩，皆于农隙以讲事也。”注也说是习。

讲学当然可以无定点。或如孔子游历四方，或如墨子、孟子、商鞅、苏秦那样游说诸侯，弟子们跟着老师跑，所谓“从游”，不择地、不择时，当然也就无一定的讲学地点。纵使传说孔子有所谓“杏坛”，其实也只是在杏林中找一土墩子讲讲而已，无教室、学校之类固定讲学空间，与柏拉图有其学园不同。

有定点的讲学，最常见的是教师自己的住宅。宅中的厅、堂、斋、室，都可能用来教学。孔门弟子有及门、入室、升堂之分，就是以老师家里的空间来看弟子各自所处位置之不同，以见亲疏。

但自家堂室更主要教的乃是自己的子孙。古人重视家学，故多在家中施教。而家学，并不是现在谈家庭教育的人所讲的那一套，仅注目于儿童生活礼仪、道德教养，亲子关系层面，而是以家庭宗族为一学术传承团体。中国学统所系，古代主要就是这种家学。

官学中最主要的建置终究还是讲堂。其中有中央政府办的，如《后汉书·翟酺传》载："光武初兴……愍其荒废，起太学博士舍、内外讲堂，诸生横巷，为海内所集。"有地方性的，如《水经注·江水一》说"文翁为蜀守，立讲堂，作石室于南城"，属于公众教育性质。一直延续到晚清，包括了各地之义学、社学。

私人自办讲堂，做公众教育的，汉代以前似未见，但汉代就已极盛了，乃家学之延伸。尤其东汉大家族制渐旺，宗族子弟动辄数十百人，须延师教诲，或由族内耆宿教育之。而若教授出了名，各地寻师访学者便会蜂拥而至。因此东汉时常有大学者招收几百位门人的例子。

这么多人，家中通常无法容纳，势必另辟讲堂。

讲堂有时选在山林清雅之地，称为精舍或精庐。如《后汉书·刘淑传》："淑少学明《五经》，遂隐居，立精舍讲授，诸生常数百人。"

唐宋以后，儒者办书院，近的渊源是唐代集贤书院之类的建置，远的渊源就是精舍。朱熹所建书院就有许多称为精舍的，如闽北建阳、武夷山的寒泉精舍、武夷精舍、沧洲精舍等都是。

与精舍同样取意于清净养心的，还有斋馆一词。斋馆指斋戒时所住的房舍，汉应劭《风俗通·怪神》"乃即斋馆，忘食与寝"，唐王勃《拜南郊颂》“神坛岳立，斋馆云深”等都是其例。学校也是。《宋史·徽宗纪一》：“壬辰，诏诸路州学别置斋舍，以养材武之士。”指的就是学校馆舍。

公众讲学，还有一种特殊形态，那就是寺庙。

寺与庙非一事，寺指佛寺，庙是宫观庙宇。皆方外，但也都有讲学活动。南京佛寺的讲学活动，早在刘宋以前即有。《南史·宋武帝纪》说“尝游京口竹林寺，独卧讲堂前，上有五色龙章”，京口即今镇江，盖当时寺院已皆设讲堂，用以讲经说法了。梁朝此风更甚，梁武帝本身就是大讲师，《南史》说他“创同泰寺，至是开大通门以对寺之南门，取反语以协同泰。自是晨夕讲义，多由此门”，在寺中讲了许多经义，会通儒佛。

以上各种形式的讲堂，无论社学、义学、州学、府学、县学、太学，或家学、私塾、经社、书院、寺庙讲经等等都是向下的，讲者身份皆高于听讲人。可是政府体制中却还有一种是向上的，由臣子向皇帝讲，称为“经筵讲学”。乃中国教育中最特殊之一格，体现“道尊于势”之精神。

因为每个人都需要学习，都须遵循老师的教诲，皇帝不但不能例外，甚且更该如此。所以当皇子时就应拜师学习，当上皇帝以后，仍要继续学，要选拔硕学鸿儒来教他，这就是经筵讲学，教皇帝以正道。

此一制度，非但是对皇权的制衡，且起着积极的教示、导引、匡正作用。儒者非常重视这个职务与进言的机会，也为了向历史负责，故常会撰写讲稿，留下记录，称为经筵讲义。

讲堂，中国与韩国后来都以书院为名，讲堂附在其中。但书院教育实以自学为主，并不常讲，不似现今学校每天要老师哇啦哇啦地讲。山长隔段时间才开讲一次，或邀人来书院专场演讲，如朱熹在白鹿洞书院，即请陆九渊来讲。若两人共讲或辩论，则称“会讲”。后来会讲扩大为“讲会”，变成明代书院例行的讨论会，有时吴越的大会，竟致千樯云集。

讲会是打造一个平台，让许多人能在同一个平台上相互讲论。“平台”的这个意义，后来便衍为“讲坛”一词。

与讲坛类似的词语是“讲台”。为了让听讲的人看得清、听得明，常会让讲者坐或站在高处讲，所以登高台或高坛而讲，是很常见的。目前所知，可能以晋朝虎丘之生公说法台为最早。前此多只有讲席而无讲台，嗣后则讲者升高座渐成常态，寺院尤其如此。

讲席，是高僧、儒师讲经的席位，亦用作对师长、学者的尊称。南朝梁沈约《为齐竟陵王发讲疏》“置讲席于上邸，集名僧于帝畿”，唐戴叔伦《寄禅师寺华上人次韵》之三“近闻离讲席，听雨半山眠”，说的都是僧人开讲，其实儒者开讲也是这样的。

可见讲学既有友朋师弟君臣间个人化的讲习切磋，更有面向稠人广众的宣讲。典型的例子是马融“绛帐春风”的故事。《后汉书》卷六十上说马融“尝坐高堂，施绛纱帐，前授生徒，后列女乐，弟子以次相传，鲜有入其室者”。后人很喜欢这个故事，遂以“绛帐”为师门、讲席之敬称。

讲，本以口说为主。儒家极重口说，孔门弟子们讨论事理，常以自己直接听闻老师的讲法为依凭，因此有“各尊所闻”的状况。但各自听受，说时情况不一；又因材施教，听者也有理解之问题。因而在大家都各尊所闻，觉得对方所说“异乎吾所闻”的时候，学派也就分裂了。孔子死后，儒分为八；佛陀灭度后，佛教也分裂成部派佛教，原因都在于各述所闻。

到西汉，儒家仍以口说为重，认为微言仅存于口说，不书竹帛。今文学家特别强调这一点，因此师法家法甚严，各派有各派的口说微言。直到清末康有为等人复兴今文学，仍强调这一点，康有为自己就留下了《南海康先生口说》二卷。

但口说多歧，传述易讹，还是文字较为稳定，所以东汉以后古文家兴起，就越来越重视文字。讲，也渐渐出现了文字记录型的讲义。

讲义，指讲说经典的义理。这是因汉代讲经制度而形成的，后就成为一种文体、著作形式。相关的文体，还有“论”与“难”。讲义，是讲明义理；义疏，是疏通经义；论是讲论；难是对经或论提出质疑问难。

讲论而生辩论，规模盛大的是三教讲论。唐朝自高祖武德七年开始，释奠礼祭孔之后，安排儒道佛三教硕彦相杂驳难。其后成为固定仪式，每年举行，孔颖达就参加过。这是真辩，辩起来“火光四射”，是史上一段异彩。

相对来看，今天的教育，却是小孩蒙学阶段诵而不讲，光教他们死背硬记，背上几十万字而毫无讲解；大了，又讲而不论，光是老师讲，如水泼石，灌输一番，然后继续死记硬背讲义，没有讨论，没有问难。与中国古代的教育方式背道而驰。

胡适《九年的家乡教育》曾记一故事，说一同学的母亲请人代写家信给她的丈夫，信写好了，这位同学把家信抽出来偷看，却不知信上第一句“父亲大人膝下”是什么意思。胡适很惊讶，后来才发现这位同学虽念过《四书》，却只是背，先生没有讲解。胡适则因母亲多给了先生几倍的学金，所以先生都跟他讲了。胡适很感念这一点，说：“我一生最得力的是讲书：父亲母亲为我讲方字，两位先生为我讲书。念古文而不讲解，等于念‘揭谛揭谛，波罗揭谛’，全无用处。”

这就是讲的重要。蒙学须讲，大学则须加上论，讲论合一，才有生机。

当然，讲说、讲习之目的是追求真理，所以需要辩论，然而争辩终究不是目的。讲论之目的乃是沟通，弭平头脑里的战争，达成和解。

是的，讲这个字的含义正是和。《说文解字》就说：“讲，和解也。”《战国策·西周策》：“而秦未与魏讲也。”《战国策·齐策》：“赵令楼缓以五城求讲于秦。”《史记·樗里子甘茂传》：“樗里子与魏讲，罢兵。”皆以讲为和解义。故今人俗称和解为讲和，犹存古意。

讲（講），从言，从冓，古音也念媾。凡从冓之字，均有交错互入、形成一整体之意。所以“讲”字与沟通之“沟”、媾和之“媾”

其实都是同义词。明乎此，则讲堂之“讲”，宗旨亦不难明白了。

我从小讲学不辍，不知老之将至。近年甚至把微信公众号都命名为“龚鹏程大学堂”，随意撰文，肆我思存。辑起来，便成此编，为序以见意，君子鉴之。

龚鹏程

壬寅写于济南雪野湖畔

目　录

陈散原：花满枝头的无枝无干的蔷薇 / 001
辜鸿铭：以中国救西方 / 025
郑孝胥：浑身是打 / 043
罗振玉之爱国 / 066
反对国学的马一浮 / 087
熊十力：曾抚摸这世界，但并没有抓住它 / 101
陈寅恪先生的学问 / 114
林语堂：轻逸的土地性 / 126
怀念钱穆 / 153
怀高阳 / 159
我的俄国朋友李福清 / 183
过吟松阁怀古龙 / 190

陈散原：花满枝头的无枝无干的蔷薇

陈寅恪的父亲陈三立（字伯严，号散原），人称散原老人，是清末民初诗坛之代表人物，与时局、思潮的关系也很密切。我少小学诗，略尝究心于此，撰有札记。今检出，刊于下：

一、散原父子以维新废

清末四公子：陈散原为湖南巡抚陈宝箴子、谭嗣同为湖北巡抚谭继洵子、丁惠康为福建巡抚丁日昌子、吴保初为广东水师提督吴长庆子。四人交谊既近，又同具维新思想。平生出处，互为影响，难为轩轾；然以文采言，散原宜居魁首。

散原少为郭嵩焘所知赏，《散原精舍诗》中《留别墅遣怀诗》云："绮岁游湖湘，郭公牖我最。其学洞中外，孤愤屏一世。"即指此言。

戊戌之间，散原以名父之子，佐宝箴推展新政于湖南，又与康有为、梁启超等交关中外，互通声势。故康梁既败，父子同被革职。及光绪廿六年（1900）拳民起，而宝箴痛愤死，散原即移居金陵，肆力文学，不复过问政治。时两江总督端方，欲上疏请复官，散原坚拒之，以为时不可为。独将烦冤离憋，一放于诗。

吴汝纶谓其文章：“是欲不立宗派，有意为曾文正者。”此在散原则然。然世之论同光，又必以散原为宗主，则非其所能计也。

二、散原诗集

散原诗，早年所作曰《七竹居诗》，与右铭中丞奏稿、诗文集、日记等，皆由陈寅恪保存。然今不知所终。

今传散原诗为宣统元年（1909）刊《散原精舍诗》二卷，起自光绪廿七年（1901）辛丑。后陆续有刻本。1943年商务印书馆重刊，辑为上下卷及续集上中下卷、别集不分卷，收诗起辛丑、终于1935年。

余别见散原手钞本一册，起1919年己未，迄1926年丙寅。而早岁之诗，竟不得见，惜哉！

世谓散原早学定庵，晚则毁去；或云在湖南时，渍润于湘绮老人甚深，颇致力于三唐六朝。细考其诗，当非虚语，特不易检点少作，一一指证耳。

三、海藏序散原诗

散原诗，宣统刊本有郑海藏序，今本删去。序云：

伯严诗，余读至数过，尝有越世高谈、自开户牖之叹。……大抵伯严之作，自辛丑以后，尤有不可一世之概。源虽出于鲁直，而莽苍排奡之意态，卓然大家，非可列之江西社里也。往有巨公与余谈诗，务以清切为主；于当世诗流，每有"张茂先我所不解"之喻，其说甚正。然余窃疑诗之为道，殆有未能以清切限之者。世事万变，纷扰于外；心绪百态，腾沸于内。宫商不调而不能已于声，吐属不巧而不能已于辞。若是者，吾固知其有乖于清也。思之来也无端，则断如复断、乱如复乱者，恶能使之尽合？兴之发也匪定，则倏忽无见，惝怳无闻者，恶能责以有说？若是者，吾固知其不期于切也。并世而有此作，吾安得谓之非真诗也哉！

巨公指张之洞。之洞言诗，以清切为主，不分唐宋，要以敷愷为宗；散原则悲悯尘寰，非大人先生之词，宜为之洞所勿喜。

四、散原与湘绮

海藏谓散原源出于山谷，是也。然散原早岁在湖湘甚久，与王湘绮游，选体功夫极深。后虽返南昌，入金陵，而二人踪迹实未断绝。集中如《与湘绮同访西山》、《湘绮误入葛仙潭》、《五日樊园宴集限三江韵》（樊园为樊山新迁宅，湘绮老人于酒坐中以樊园名之，其实本名絜园也）、《人日樊园探梅》、《夏午彝编修将去南昌入秦维舟江岸乃与王湘绮丈同访西山中道分失午彝独携爱姬宿峭庐赋诗留饷时距余至三日也诗句高妙欣和之》、《尚贤堂欢迎湘绮丈雅集即事》、《送别湘绮丈还山题》、《瓶斋所藏湘绮翁论诗册子》、《湘绮丈莅沪越旦为东坡生日亲旧遂迎集愚园张谦纪以此诗》等作，俱可见其关联。

《东坡生日乙庵招集樊园》且以湘绮拟东坡，曰：“相望千载两尊宿，天才冠代将毋同！”《题瓶斋所藏湘绮翁书便面册子并首列楼中画像》又云：“湘绮楼才片席宽，霜髯影竹气高寒。随风咳唾皆珠玉，拾取今余跋脚看。”皆可见推尊之忱。

盖散原于光绪间，尝与易顺鼎、曾广钧、程颂万等人结湘社于长沙，以六朝晚唐为宗，所作风调颇近于湘绮楼。其后始肆力于韩愈、黄庭坚。

方东树有“以三百篇、《离骚》、汉魏为本，以杜韩为面目，以谢鲍黄为作用”之说，衡以散原诗，则实以汉魏为本，以杜韩鲍黄为面目、作用者。陈宝琛题其诗卷：“生世相怜骚雅近，赋才独得杜韩遗”，殆指此言。然亦避湘绮之锋乃尔。

五、散原之学山谷

散原之学山谷，与世俗大异。其《为濮青观察丈题山谷老人尺牍卷子》诗曰：“我诵涪翁诗，奥莹出妩媚。冥搜贯万象，往往天机备。世儒苦涩硬，了未省初意。”所见甚谛，得未曾有。清初惟王渔洋酷嗜山谷，略会此旨，其次则仅曾文正知之耳。

文正《读李义山诗集》曰：“渺绵出声响，奥缓生光莹。太息涪翁去，无人会此情。”散原之说与之尤契。

散原而后，如陈仁先苍虬云：“拳术分内外家，诗亦有之。义山、山谷皆内家也。义山柔而实刚，山谷刚而实柔。”“善学杜者为义山、山谷。义山形神俱似，山谷外远内近。义山得其绵密，而意或过于纤巧，有伤格处。山谷得其耸健，而体或过于生硬。其所伤等也。两家蹊径似甚远，当求其合，则可以梯以攀杜，而西昆、西江两家末流之失，均可免矣。”远绍朱弁《风月堂诗话》之说，而与散原近似，岂同光体者皆以此为共识欤？

六、散原之妩媚

读散原诗，亦如读《山谷集》，所谓“我见魏徵殊媚妩”也。集中精艳语，断句如：“檐溜初分钟阜雨，酒颜犹接女墙花”、“待握春风付洞箫”，又如“薄带烟痕围作晕，分粘春梦自生寒”（《和酬宗武小院春牡丹》）、“来对吾翁手植花，吟窗留眼吐天葩”（《阶前植二牡丹其一发双蕾侵宵风雨晨起反怒放一花》）、“魂梦叠为溪涨洗，须眉低映酒波明”（《夜集初堂》）之类，生涩奥衍之中，偏饶妩媚，盖与其六朝及昆体工夫有关。

如《次韵酬李审言维扬见寄》诗：“恨别伤春觉已多，酒痕三岁换蹉跎。庾郎食籍珍鲑菜，江令毫端艳绮罗。绵蕝诸儒嗟散落，珠帘十里想经过。峨峨淮海无双士，莫折琼花照逝波。”风神蕴藉，远夺义山魂魄，造诣岂在陈苍虬、汪衮甫之下耶？

又《观宋刻任天社山谷内集》诗曰：“翁诗久远愈论定，立懦廉顽果谁力？世人爱憎说西江，类区门户迷白黑。咀含玉溪蜕杜甫，可怜孤吟吐向壁。”于其诗学途辙，言之固甚审矣。

七、散原与曾国藩

吴挚甫谓散原有意学曾文正，于诗学途径言，二者诚甚相似。徐世昌《晚晴簃诗汇》言文正：“承袁、蒋、赵之余波，力矫性灵空滑之病，务为雄峻排奡，独宗江西。”其为同光体之先声，世多知之。

然散原及同光诸子之学曾文正，亦时代为之也。清自同治以后，国家多故，内患外侮，骈接踵至。诗人忧生忧世，虑乱伤时，日薄崦嵫之感，自然杂于笔端；而救世经济，又须有真实学问行乎其中。若神韵、格调、性灵也者，岂此时所宜讲哉？文正提倡杜韩与山谷，“大雅沦正音，筝琶实繁响。杜韩去千年，摇落吾安放？涪叟差可人，风骚通肸蚃。造意追无垠，琢辞辨倔强。伸文揉作缩，直气摧为枉。

自仆宗涪翁，时流颇忻向”（《题彭旭诗集后》）云云，于当时既切时代之需，自然风靡一世。

八、散原与张之洞

晚清名臣巨公之能诗者，前推文正，后属南皮张之洞。

南皮诗思致细密，言不苟出，用字必质实，造语必浑重，最厌纤巧吊诡之作，名重一时。海藏《题孙师郑诗史阁图卷》自注：“易实甫言近人官愈大诗愈好，南皮、常熟是也。”可见一斑。

然南皮平生宗旨既务清切，刊落纤秾，取之平正坦直，则不喜黄山谷，自属理所必至。其咏《摩围阁》诗曰：“黄诗多槎牙，吐语无平直。三反信难晓，读之鲠胸臆。如佩玉琼琚，舍车行荆棘。又如佳茶荈，可啜不可食。子瞻与齐名，坦荡殊雕饰。”最可见其主张。此所以不能爱散原诗也。

然南皮督鄂时，曾聘散原校阅经心、两湖书院卷，先施往拜，备极礼敬。散原则虽以张之洞诗有纱帽气，而亦谓其厚重宽博，在近代诸老之上。《抱冰宫保七十赐寿诗》且云之洞撷百家之精英，综汉宋之微茫，“偶然吐雄句，甫愈汗且瞠”，推崇亦甚至也。

九、石遗论散原

《石遗室诗话》卷三谓晚清诗两派，一派清苍幽峭，自“古诗十九首"、苏、李、陶、谢、王、孟、韦、柳以下逮贾岛、姚合、陈师道、陈与义、陈傅良、四灵、严羽、范梈、揭傒斯、钟惺、谭元春，如陈沆、魏源、郑孝胥等属之。一派生涩奥衍，自《急就章》、《鼓吹词》、《铙歌十八首》、韩愈、孟郊、樊宗师、卢仝、李贺以下逮黄庭坚、薛季宣、谢翱、杨维桢、倪元璐、黄道周，如郑珍、莫友芝、沈曾植、陈三立属之。

夫以散原、海藏分领二军，是也，言散原诗之渊源则颇疏。散原自云："诗必宗江西，靖节、临川、庐陵、诚斋、白石皆可学，不必专下涪翁拜也。"又《题豫章四贤像拓本》举渊明、庐陵、山谷与白石为说，是陶靖节、王临川不必与散原异路矣。

且石遗云散原晚年造诣直逼薛浪语，尤属失言。其弟子曾克耑《颂橘庐丛稿》外篇第十七，直以师言为非，足见时论之不孚也。窃谓石遗论诗，近郑不近陈，论散原多不中窍，此其一端耳。

一〇、晚清樊榭、定庵两派

石遗又云晚清有樊榭、定庵两派。樊榭之派，喜用冷僻故实，而出笔不广，如袁昶属于此。定庵之派，丽而不质，谐而不流，如黄遵宪、樊增祥、易顺鼎等属之。

此亦误说。袁爽秋《渐西邨人诗集》与陈散原同遭南皮讥为"江西魔派"，似不尽属厉太鸿故步，唯喜用冷僻典故相似耳。至于定庵之派，沾溉岂仅在樊、易诸君乎？吴宓雨僧《余生随笔》云："自光绪中叶以来，定庵诗遽大著于世。儿时，当庚子以前，所过亲友家，凡稍称新党者，案头莫不有定庵诗集。”后南社言革命者无不祖述定庵，即散原亦有所取之，石遗之说隘矣。

一一、散原诗之特质

散原诗，海藏以《春秋》拟之，其后古直云：“撰杖争惊来绮夏，成诗颇复寓阳秋”（《庐山谒散原翁》）；吴天声云：“公诗成史垂万祀，春秋笔削无偏颇”（《家君脱险呈散原老人》），皆有此意。盖其痌瘝在抱、沉挚忧天之情，为世所共知也。

余读散原集，如“江南归晚鲥鱼尽，酸泪今浇野苋肠”（《金陵园蔬独苋苗脆美每饭必设》）、“淮水酿酒不洗泪，空扶酩酊照面归”（《九日游雨花台归酌淮榭》），类皆由一己之悲欢，透出为大千世界之沉哀。海藏不能比拟，较相似者唯陈苍虬耳。

一二、散原与陈苍虬

石维岩上石遗老人诗曰：“苍虬起后劲，陈郑观彷徨。”自注：“散原尝云：此世有仁先，使余与太夷诗皆不免为伧父。”

按此语在散原作《苍虬阁诗序》中。苍虬于民国以后避居西湖，与散原、清道人及俞恪士觚庵等诗酒唱和，谈鬼说梦，尤屡著于篇章。俞恪士《中秋日约同人饭于法相寺和仁先》所谓：“湖居不见中秋月，偏向僧楼坐雨深。避世渐谙蔬笋味，入山终负水云心。人生适意每不足，眼底有诗何处寻。还我一庵听说鬼，涧松岩桂各萧森。”散原序《觚庵集》，于此亦无限追缅。

然苍虬实哀感至深，故陈宝琛题其集，尝有“此后风云还几变，等闲花木有余哀”之语。大抵苍虬天分高，记闻博，盛负清望，皆与散原相似，而与溥仪同赴东北，枨触尤多。梁节庵亦叹云：“病床展君诗，散此千载忧。呼号天地窄，泪与江海浮。细看有何物，心血成一邱。……将诗表我意，冷泪沉双眸。”其集中与散原有关之作不少，《焦山纪游杂诗》亦有因同人戏仿散原体联句而作者。

一三、散原之出处

晚清诸诗翁入民国后，出处之际，颇为参差，评价亦不一致。如叶昌炽《缘督庐日记》甲寅五月六日：“闻樊山已应聘，旧人新官，从此一钱不值矣。”甲寅十二月一日：“樊山毅然入都供职，兼参议、顾问两官，又兼清史馆。其妇来尼之，绝裾而行。寐叟填《鹧鸪天》一阕嘲之。”（按：沈寐叟此词仅成首句云：“从此萧郎是路人。”）大不以樊山出仕为然。

又如李梅庵书函喜用“顿首、死罪”等式，海藏则题其《致程雪楼书稿》后曰：“乞命贼庭等儿戏，顿首死罪尤费辞。”以程氏于民国后曾任江苏都督故也，盖有讥于梅庵。程乃再书一绝于郑诗后云：“中丞印已付泥沙（湖南巡抚余诚裕弃印潜逃），布政逍遥海上槎（郑孝胥为湖南布政使司布政使）。多少逋臣称逸老，孤忠只许玉梅花。”于海藏不啻反声之诟。（梅庵弟子张大千颇好言此事。）

盖时局翻覆，是非本难言也。散原之为遗老否，世亦多异辞。如胡先骕《与吴宗慈书》：“先生鼎革后即剪发。虽疾视袁项城与诸军阀，而绝不以遗老自居。”吴宗慈则称散原亲告以“民国以来，凡所为文，未用民国正朔”（李曰刚乃云散原奉民国正朔，似不确），又曰：“居庐山数载，间有蔡孑民、李任潮、戴季陶等来访。……庚子后，老人未尝无用世之志，然不得其位与其时，亦终于韬晦不出，在今日似难用理想而演绎其事实也。弟以为老人爱国，出于衷诚，亦何间于其为遗民乎？”

及散原逝世，李中襄（立侯）等人，吁请中央明令褒扬，散原子隆恪托吴宗慈为撰事略，吴氏复申言散原“出处大节，乃自守为子为臣之本分。故在清末季，韬晦不出，与辛亥鼎革后之作遗民，其志趣节操，乃一贯而行者。故忠于清，不必如郑孝胥；赞成民国，更不必如谭延闿。盖胸襟落落，自有独来独往之精神寓于其间”（《复隆恪书》）。说甚允当。

一四、散原与海藏

郑孝胥海藏自视奇高，于当世能诗诸君子，多举其瑕疵，而独推服散原。《答陈伯严同登海藏楼诗》“恐是人间干净土，偶留二老对斜阳”，极占二人身份。又《春阴简李审言》“论诗君勿谬见推，此事散原真杰作”，以李详所撰《韩诗萃精序》有“十数年来与郑君苏戡相习，郑云：由宋以来，诗人纵不能学杜，未尝不于韩公门庭周历一番者。余抚掌以为名言。嗟呼，伊挚言鼎，轮扁语斤，余得苏戡此论，深幸吾道之不孤”等语，故有此答。其推重散原，可谓至矣。

未刊诗《怀陈伯严》曰“一世诗名散原老，相哀终古更无缘”，尤可见其情。《海藏楼杂诗》之十三云：“义宁贤父子，豪杰心所归。伯严不急仕，峻节如其诗。栖迟对蒋山，睥睨郁深悲。天将纵其才，授子肆与奇。神骨重更寒，绝非人力为。安能抹青红，搔头而弄姿？昨者哦五言，缄封肯见遗。发之惟鹤声，一一上天飞。高谈辟户牖，要道秘枢机。愿闻用世说，胡为靳相规？噫嘻戊戌人，抚心未忘哀。大名虽震世，岂如我独知！”细玩诗意，或海藏曾与散原言及“复清”计划，散原颇有规箴也。二人之相哀终古者亦以此。

然邵祖平《无尽藏斋诗话》尝载海藏寿散原七十生日诗二首，曰：“名节虽苦有至味，世人区区各殊嗜。散原自是千载人，不朽何曾待文字。”“卷里秋声满世间，几年华发对钟山。试将新句参消息，似觉承平气象还。”则海藏虽以散原不能同心为憾，于其峻节与淡泊，终无间言。

及“七七事变”起，日寇占我北平，以散原名高，欲强使出任伪职。散原坚拒，遂遭软禁。汪东挽散原诗，序云：“二十六年秋，倭陷北平，欲招致先生，游说百端皆不许。诇者日伺其门。先生怒，呼佣媪操箸帚逐之。因发愤不食五日死。”诗曰：“凛凛严霜节，弥天戢一棺。胡笳飘极塞，木叶下重关。天地诗名隘，春秋大义完。海藏真朽骨，那作等伦看。”自注：“郑孝胥诗故与先生齐名。先生殉国后未几，孝胥亦死长春。”不知海藏于闻先生讣时，于此作何感想！

一五、散原论海藏

散原集中，如《读海藏楼诗卷感题寄题》《太夷海藏楼》《过海楼夜话》《效海藏乙庵唱和鬼趣诗》《过太夷还途登愚园云起楼看雨》《海藏楼看雪酌瓶醴》《戏和苏堪六十感愤》《次韵答伯夔送太夷北行》《苍虬为太夷作夜起图》等十数首，皆对海藏备致推重，然亦有规箴惜悯之意。

吴宗慈与胡步曾书谓：“郑孝胥之所为，老人谈及，辄为深叹。谓郑所为非忠于清，直以清裔为傀儡，而自图功利。”

今按：早年散原寄题太夷，已有“割烹诚细事，莫发明王梦……宵吟荡不还，微为魑魅重”诸语。晚题苍虬为太夷所作《夜起图》诗，亦伤其“踯躅浇根殉老谋”。吴说诚然。至俞大纲《寥音阁诗话》述散原评海藏诗曰：“浑身是打。”“打”系湖南土语，谓如演拳术者，劲道发足也。此则以海藏擅技击，能逾墙超屋，故云。

一六、散原与吴保初

散原殁后，宋慈褒撰国史拟传，刊《图书馆馆刊》创刊号。世多不惬其文，以为疏略；文末附吴保初传，尤多争议。

按保初字彦复，一字君遂，号北山，安徽庐江人。官刑部主事，有《北山楼集》，与陈石遗同出宝廷门下。前后与刚毅、端方相龃龉，憔悴死。石遗谓其喜纳姬，喜作诗，尤喜为长庆体，皆与宝廷相似。

然保初品节极高，诗亦悲壮，汪辟疆言其遣辞命意，时近临川，回肠荡气之作，亦不减海藏楼。《晚晴簃诗汇》卷一七九则云其诗以自然为宗。及其逝，散原有诗悼曰：“为郎一疏壮当年，遽绝朝班溷市廛。意气空能问屠狗，吟篇自许诉幽蝉。已迷王谢争墩处（前三岁与君同游半山亭），应喻唐虞易箦前。天壤奇痴寄孤愤，终留佳话到彭嫣。”又《雪后与苍虬兄弟四人李梅庵兄弟三人饮东明酒楼念及彦复感痛甚至》云：“隔世黄垆徒辈尽，莫怜今夕白人头。”极见怆痛。

虽然，吴天任《牧课山房随笔》有言：“保初与散原，才具襟抱各不相侔，而保初卒于民国二年，入民国期间甚短，附与同传，微嫌不类。”二君诗风匆同，行事亦多不相及，附于散原传末，非也。

一七、散原崝庐诗

戊戌变起，陈宝箴父子被议革职，散原侍父南归，筑室西山之下。越一年，散原移居江宁，宝箴仍留西山，因愤庚子事变，以微疾逝，散原感痛非常，故黄公度《寄题陈氏崝庐》诗云：“生当大乱时，忠贤或祈死。人至以死祈，世事可知矣。”

西山，《水经注》作散原山，故散原取以自号，以示家国之隐痛，并寓樗散之意。作《崝庐记》曰：“崝庐者，盖遂永永为不肖子烦冤茹憾、呼天泣血之所矣。”文意与甲辰感春诗相发，念父母之丧，而复虑及“九州四万万之人民皆危蹙，莫必其命，益恸”。

故崝庐者，于散原诗中，亦犹海藏集中之重九，皆有特殊感兴，非他人所能措手。然论其广大，海藏又非其比也。散原谓西山为“苍苍云雾梦魂处，了了山川生死哀”（《登楼望西山》），家国之感，死生契阔，一切理想与情怀，俱集于此，岂寻常展墓之作所能及耶？

张先生眉叔批曾刚父《蛰庵诗存》中《鲤鱼沟谒墓诗》云：“散原崝庐之作，烦冤沉痛，抢地呼天，无可告语。真血、真泪、真诗。蛰庵遭逢时变，而摧抑邅迍固未若散原父子之剧，谒墓诸作，憺固肫真，对较陈作，则见其泛也。”尝点出此义。

盖他人谒墓，不过言亲子之痛，散原则有无可告诉之天人悲愿行乎其间，所谓“睥睨空自奇忧乐，都换沧桑到酒杯”，他人哪得有此？其诗如《崝庐楼望》：“我自楼头悲往事，十年听尽鸟呼风。”《崝庐宿》：“遭世迷归计，衔杯赎此身。”《崝庐寄陈芰潭》：“国忧家难正迷茫，气绝声嘶谁救疗？岩坳水涯明月空，共君肝胆一来照。”《峭庐书所见》：“卤莽极陵夷，种族且斁圮。天道劣者败，中夜起拊髀。体国始经野，歌以俟君子。”《别墓》：“赢得九原念游子，春风吹泪湿西山”等等，皆非寻常哀乐语。

徐亮之《亮斋随笔》曰：“旷古诗流，哭墓之作，无如三立者。其沉厚处，窃谓‘万古落心头’‘吞声不敢尽’十字庶可拟之。”能得其实也。

一八、散原与肯堂

尝见范当世一柬云：“一灯红起寒流外，身世无端接混茫。不信星辰随地转，翻怜鸿雁入天荒。雄风作势吞云梦，清角流哀下岳阳。远望低吟总无耐，中原落日即沧桑。夜泊鸭栏矶。此恪士先生之近作。謇博试诵之何如？当世代上。”

范当世，字肯堂，原名铸，其家十二代皆能诗，与福州曾氏同称“两大诗世家”。少时与张謇、朱铭盘称“通州三杰”。自谓初闻《艺概》于刘融斋，后受诗及古文法于张廉卿，又与吴挚甫游，颇窥见李杜苏黄之所为诗（见诗集自序）。费行简《近代名人录》则谓其诗兀傲健举，沉郁悲凉，精能处且超过山谷。

余则以为肯堂诗与山谷无关，根柢乃在韩愈。石遗谓其“荆天棘地，犹东野之诗囚”，亦非知言。独马其昶、姚叔节等以其诗蕴孝友恺悌，而起江海之交，太息悲伤，无所抒泄，一寓之于诗云云，略得其实。

散原与肯堂谊为姻娅，且意气相投，于肯堂诗尤为推重。《登楼望西山》云昔日肯堂曾宿此楼，而“感时叹逝出文字，搜幽揽怪谁匹俦”；又曾告门人李芋厂：“诗须学范肯堂。肯堂诗横绝千古，为清代第一。”肯堂“《甲午客天津中秋玩月》之作，散原亦以为“苏黄而下，无此奇矣”。

惜其早卒。散原有诗哭之曰：“承传追冥漠，坠绪获再昌。歌诗反掩之，独以大力扛。噫气所摩荡，一世走且僵。玄造豁机牙，众派探滥觞。手揽橐籥灰，缁此万怪肠。”深致痛悼。

又，散原观肯堂中秋诗有作：“吾生恨晚数千岁，不与苏黄数子游。得有斯人力复古，公然高咏气横秋。深杯犹惜长谈地，大月难窥彻骨忧。旷望心期对江水，为君洒泪忆南楼。”第六句原作“日暮承平更百忧”，后改。“吾生恨晚数千岁”，则陈槃庵先生以为“数”乃动词，云数之得千岁也。《后汉书·祭遵传》：“大汉……历载数百。”注：“汉兴至此二百余年，言数百者，谓以百数之。”晋僧叡《出曜经序》云“数四年中，上闻异要，奇杂盈耳”，并以“数”为动词（见《大陆杂志》一卷二期《读陈诗六则》）。

一九、散原之风节

散原为弢庵门生，李渔叔《鱼千里斋随笔》卷四云：“散原七十初度，时在庐山。螺江陈弢庵太傅年已八十余矣。于旧京寄诗为寿，有‘为问鄱阳湖上月，可能重照两龙钟’之句。散原读之，曰：吾师正念我。即日命驾北上，敬问起居。前辈重视师门，风谊之笃如此。散原，弢庵典试所得士也。”

按：散原少弢庵五岁，此弢庵贺其八十岁生日事也，李氏误记。其诗“五十年来彭蠡月”，亦与李氏所引不同（见《沧趣楼集》卷十）。且曹缵蘅有诗题作《散原老人北游听水师贻书有两龙钟相聚金台月下亦老年乐事之语辄用其意赋诗送行》，则弢庵除寄诗外，当另有书函也。

然此事凌霄汉阁主人徐彬彬别有解释，以为“昔年北政府盛时，闽赣派诗团优游于江亭后海，或沽上之中原酒楼。往来频数，酬唱无虚。陈则驻景南天，茕茕匡庐钟阜间，冥索独探，自饶真赏。及戊辰首会迁移，故都荒落，诗人泰半南去，此叟忽尔北来，省其师陈弢庵，得残年小聚之欢。壬子间杨昀谷赠诗‘四海无家对影孤，余生犹幸有江湖’，足为诗人写照。曩者春明胜流云集，则苏赣间有江湖；今日南中裙屐雨稠，则旧王城为江湖。颇闻北徙之故，乃不胜要津风雅之追求。……解围乏术，乃思依琼岛作桃源。此中委曲，殆非世俗所能喻，而其支离突兀，掉臂游行，迥异常人，尤可钦焉。”两说可并存，皆有以见散原之性情。

二〇、散原之用字

弢庵诗，往往一改再改，海藏则一成不改。至于散原，或谓其

“手摘新奇生崭之字，录为一册，每成一篇，辄以所为词句，就册中易置之，或数易乃已。故有时至极奥衍不可读”（《鱼千里斋随笔》卷上）。

此说盖本刘禺生，《世载堂杂忆》曰：“凡著述大家，皆有平生用功夹带，手抄秘本，匿不示人。……陈散老作诗有换字秘本，新诗作成，必取秘本中相等相似之字，择其合格最新颖者评量而出之。故其诗多有他家所未发之言。予与（冒）鹤亭在庐山松门别墅久坐，散老他去，而秘本未检。视之，则易字秘本也。如‘骑’字下缕列‘驾’‘乘’等字类。予等亟掩卷而出，惧其见也。”

此得之亲见，自堪取信。然骆鸿凯尝举义山獭祭为譬，以为治选学者类多如是，“王若《选腴》、苏易简《双字类要》之属，大都文人熏香摘艳，矜为枕秘，以备贫粮。斯事虽细，亦有裨于文用，未可以饾饤薄之也”（《文选学序》）。

散原所为，亦属此等，但非谓其好处即在于此。石遗论近世作诗之速，推散原、实甫、香宋等为奇绝，足见散原不必乞灵于獭祭。所以有此一本，不过借以多一层推敲耳。

二一、散原诗不以用字胜

石遗尝云同光体中，散原奇字、乙庵僻典，蔚为二家。然亦以为散原佳处之可以泣鬼神、诉真宰者，未尝不在文从字顺中。梁启超《饮冰室诗话》则曰散原诗：“不用新异之语，而境界自与时流异。醲深俊微，吾谓于唐宋人集中，罕见伦比。”

二说相反而实相成，夏敬观《题散原精舍诗集》所谓：“义宁伯子真诗霸，独造深思数十年。字暖肝肠晴曣日，格高心力上摩天。谭陶鼎峙公为最，范郑分庭世亦传。我取蠡杯斟海水，摩挲醉眼出灯前。”“晴曣日”则险奇矣，然能暖我肝肠，则其惬心妥贴为何如？

二二、散原与俞恪士

俞大纲曾出其家藏散原老人诗卷，谓可觇其遣辞用字改易之几。大纲为俞恪士侄。散原妻俞氏，即大纲姑母。散原女新午，又适大纲兄俞大维先生，两代姻娅，渊源自深。

其中俞恪士与散原交谊尤厚。彼于民国七年（1918）十月卒后，散原尝荟集遗诗，勒为一集。惜播迁以来，即俞家亦无此书，不知茫茫天壤间，仍有存者否？散原自辛丑以后，即居南京，与恪士比邻，民国十二年（1923）而妻死，感怆于怀，不欲留金陵，始迁至西湖，然与恪士犹常往来。且散原笃于风义，集中哭曾重伯、薛次申、范肯堂等，辄深感痛，而哭恪士三首，尤为力作。其后恪士葬西湖吉庆山，散原复有诗悼之，曰：“我老亦无世可托，偕亡羡此一抔土。月夜魂出唱新诗，草根和以虫声苦。”生死契阔，固甚感人也。其序《觚庵集》一文，尤为论散原晚年心境必读之作。

二三、散原诗小笺

散原诗隐辞谲寄，曩昔读之，略有笺记，不妨录后，聊为喤引云。

《人日》：“倦触屏风梦乡国，逢迎千里鹧鸪声。”“鹧鸪”刺小人得道。

《孟乐大令出示纪愤旧句和答二首》，均记庚子变乱事。

《乔茂萱员外树枬戊戌初春到长沙别五年矣顷奉使出游武昌还过金陵遂复入都赋赠二首》，乔树枬，字茂萱，一字损庵，四川华阳人，同治十二年（1873）癸酉拔贡，官刑部三十余年，折狱明允，迁学部左丞，为张之洞所契赏。戊戌以江叔澥应校经堂聘在长沙，曾与散原同游岳麓。乔氏孙大壮，名曾蘧，精金石文字之学。

《徐先生宗亮萧先生穆偕过寓庐作》，徐宗亮，字晦甫，号茉岑，桐城人，世袭云骑尉。与张裕钊、吴汝纶善，为文雄健有法度。有《思善斋文集》等。萧穆，字敬孚，桐城人，诸生，师事钱仪吉、方宗诚，受古文法，醇厚博辨。有《敬孚类稿》十六卷及《续碑集传》等。

《用门存韵寄和黎薇生郎中并示谭组安破戒缀此后不复徇为之矣》，黎薇生，黎文肃公培敬长子，甲午进士。谭延闿，字组安，时年廿四，盛有文名，中乡举，侍文勤公（钟麟）家居。

《题张季直荷锄小照》，张謇，大魁后即在南通原籍兴办实务，时往来金陵。散原友人有劝因季直在南通置盐田者，散原实苦乏赀，故有“为留二顷田”语。

《壬寅长至抵崝庐谒墓》，宝箴中丞逝于庚子六月。诗中“大孙”谓衡恪，时留学日本。隆恪次年甲辰十月以公费赴日。

《癸卯岁元旦题示魏季词》，魏繇，字季词，湖南邵阳人，魏源之孙。

《曾履初郎中由京师大学堂假还金陵》，曾履初，文正公孙（纪鸿子）。

《哭罗郊岘》，散原原配罗夫人兄，与散原自少交好，此年正月初七仍相与游也。

《龙蟠里谳集次李芗垣藩使赋别韵》，李有棻，字芗垣，时任江宁藩司，刘忠诚坤 出缺，曾护总督印。此午夏因事去官。散原两世绸缪恩旧也。

《沪上味莼园晚坐时为七夕》，本年六月返金陵，七月赴上海。味莼园，张园，在上海跑马厅西静安寺路。主人经营西药肆，名集成药房，在南京路。

《次韵答黄小鲁观察见赠三首》，小鲁嗣东，湖北汉阳人，其女适散原从子覃恪。

《赠别吴炯斋学使去江西还朝二首》，吴子鉴炯斋，钱塘人，其尊人庆坻，字子修，散原同年进士。

《九江舟夜写书遣使诣永州问席氏女弟病状惘惘有作》，散原妹婿席曜衡，字麓生，席保田少保仲子。

《朱鞠尊观察出示东游阅操日记读讫感题》，朱鞠尊，长沙朱禹田（昌琳）子，禹田与宝箴有旧。

《刘聚卿观察属题晋义熙铜鼓拓本》，刘世珩聚卿，安徽贵池人，刘芝田瑞芬子。芝田，光绪十二年（1886）继任英法钦差大臣，十七年（1891）抚粤，好金石收藏。

《遣兴用伯弢除夕韵》，伯弢，陈锐字。

《次申伯弢招棹小舫寻青溪胜处还就仲鲁饮水榭》，薛次申，名华培。志钧（仲鲁）为珍妃之兄。

《锡侯伯弢招集淮舫》，杨锡侯，字念规。时杨、陈、薛诸人均以道员需次金陵。

《瞻园谳集次抱冰宫保韵》，张之洞奉旨赴江南会商制造局移建新厂事宜，三月十七日抵江宁，留驻月余，文燕雅集，一时称盛。

《神雪馆听琴》，俞夫人有琴曰神雪。旧说“神雪”者，列仙琴名，夫人好琴，因取此名之，并名其馆，著有《神雪馆诗集》。

《夏午彝编修将去南昌入秦维舟江岸乃与王湘绮丈同访西山中道分失午彝独携爱姬宿峭庐》，夏之姬人，名姚无双，后从齐白石学画。

《由九江之武昌夜半羁邮亭待船不至》，散原是年应邀在两湖书院主讲文学，书院为张之洞光绪十六年（1890）督鄂时创设，其后又次第开办实业学堂。陈衍、梁鼎芬、纪巨维（香骢）分主其事。时易实甫亦宦游湖北，曾讲史学，于式枚亦在，一时人文甚盛。陈衍时任湖北实业学堂监督，彼系散原壬午举人同年，今在鄂为初晤。

《酬李文石观察》，李葆恂，字文石，为李鹤年子和抚部之子，时在鄂官候补道。

《戏柬小鲁》，黄嗣东为文襄门生，时亦在鄂办航政，并主学堂监督。

《酒集琴台作》，琴台在汉阳，传为钟子期、俞伯牙相遇处。

《赠纪香骢监督》，纪昀六世孙。

《赠曾履初观察》，曾广镕，曾重伯之弟，时官荆宜施道。

《壶天遁叟八十生日》，易佩绅，易实甫顺鼎、申甫顺豫之尊人，号笏山，晚号壶天遁叟。少时与陈宝箴及罗亨奎（惺四）在北京有三君子之目。此年遁叟居九江，易实甫有琴志楼，在牯岭栖贤寺附近。

《哭季廉》，季廉即熊元锷。

《赠顺循》，顺循即罗正钧，曾居宝箴中丞幕府，嗣以知府宦河北，时任保定知府。

《过天津戏赠瘿公》，瘿公即吴彦复，别号瘿庐，彭嫣其宠姬也。

《寿左子异宗丞五十》，左孝同，文襄公季子，时任宗人府宗丞。

《再用前韵戏梅痴》，李瑞清，李宗瀚春湖族孙、李联琇小湖从子，江西大世家，所藏临川四宝法帖，海内有名。此诗首句言李书宗北魏，兼能画梅，世传其梅别有寄托，因号梅庵也。

《对月有述》，“山河月中影，历历是鸿沟”，是年皖抚恩铭为徐锡麟所刺，日法有密约，中外惶惶。张之洞在鄂，以攘外必先安内，请领懿旨布告天下，化除满汉畛域。清廷因令各衙门详议切实办法施行。诗意指此。

辜鸿铭：以中国救西方

一、被小丑化的名人

辜鸿铭是近代传奇人物。在西方有很高声誉，在中国则长期被讪笑，代表了五四运动之后的反动典型。他蓄长辫，主张忠君尊王，替传统中国社会之纳妾制度辩护。据说还有金莲癖，不捏着小妾的小脚就写不出文章。谈到他，除作为笑料外，大抵还是用以陪衬蔡元培“兼容并蓄”之伟大。

辜氏过世，温源宁用英文写了《辜鸿铭先生》，说他：“只是一个天生的叛逆人物罢了。他留着辫子，有意卖弄，这就把他整个的为人标志出来了。他脾气拗，以跟别人对立过日子。大家接受的，他反对。大家都崇拜的，他蔑视。所以他得意扬扬，就是因为与众不同。因为时兴剪辫子，他才留辫子。要是谁都有辫子，我敢保证辜鸿铭会先剪掉。他的君主主义也是这样。对于他，这不是原则问

题，而是一心想特殊。”认为辜只是立异以鸣高。

其实谁懂辜鸿铭呢？

辜氏成名甚早，其入北大，亦不因蔡元培之故。五四运动前，已出版英文本《中国人的精神》（封面中文题为“春秋大义”，*The Spirit of the Chinese People*。1915 年），次年商务印书馆再版，接着迅即出现德文、法文、日文译本。

可知他在民国初年，乃是少数拥有国际声望的大学者。当时中国学者有此地位者不会有第二人。但墙外开花未必墙内香，辜氏批判西方社会、赞扬中国精神文化之言论，恰好跟尔后新文化运动所倡扬的态度相反，故其人颇遭“妖怪化”“小丑化”，其书亦遂乏人问津。

八十几年后，《中国人的精神》才有中译本。而迄今也还没有适当的书评，可见学界对辜思想之是非，根本没真正展开讨论。谈起他，仍是奇人、怪杰、轶事、趣闻那一套。

二、陷于危机的西方文明

西方人看辜鸿铭，是另外一种。认为他的观点对西方人是一面镜子。

如德译本奥斯卡·A.H.施密茨《序》就几乎根本未谈到辜氏如何描述中国人的精神、语言和妇女，只就辜氏对欧洲近代社会思想的言论来发挥。辜鸿铭认为早期源于理性的自由主义思想，现在已变成“讲究实际的，没有思想的英国人的实利主义”，以致“十八世纪欧洲的自由主义有文化教养，今天的自由主义丧失了文化教养。上世纪的自由主义为公理和正义而奋斗，现代的假自由主义则为了法权和贸易特权而战。过去的自由主义为人性而斗争，今天的自由主义只卖力地促进资本家与金融商人之既得利益”。这种堕落的文明，未来必将走上唯物主义和军国主义。译者对辜氏这一论断，大表欣赏，且说：“每个德国人都只能赞同他的观点。”译本后面附录的各报评论也呼应其说，均就该书可作为现代西方文明药石之价值来申论。

法文译本的译者，态度相似。他觉得其中不乏深刻之见，对西方社会有益。因为在现代工商业及民主制大获胜利之际，社会上其实充满了混乱：“滥施权力，权欲过盛，对奇异发明的野心、对财富的渴望、对利己主义的狂热……向我们展示了凶残，暴力和不公正的实质。”故译者说辜氏尖锐的批判，“对一个喜欢奉承和不时需要强有力道德引导的时代”，“将会是非常有益的”。

这显示辜氏著作在西方语境中，有与一般中国人迥然不同的视域。中国人把辜鸿铭看成传统文化的保守辩护者，未注意到他主要是一位对西方现代文明的批判者。

我以为这才是正确掌握辜氏思想的方向。

辜鸿铭生于马来西亚。当时马来西亚乃英属殖民地。十三岁，辜氏就去了英国，十六岁入爱丁堡大学就读并获文学硕士学位。又去德国莱比锡大学等地游学。故西学才是他的根柢，对欧洲社会文化有入乎其内的认识。回国后，巧遇马建忠，得闻中土圣哲妙谛，大为叹服。固然是因中国传统文化内涵深邃，却也因他本来就对西方现代文明已有所不满，所以才会对中土文化大生契会。

明乎此，我们就会注意到《中国人的精神》有一篇特殊的序，以及两篇很长的附录。序文分析当时欧洲社会与文化的危机，附录一《群氓崇拜教或战争及其出路》、二《文明与无政府状态或远东问题中的道德难题》，表面上都跟“中国人的精神”没啥关系，可是这正是他论中国人精神的根子——由于欧洲文明出了问题，所以他才要向欧洲人介绍中国文化。中国文化是作为欧西文化之对照组出现的。

要明白他欲如何向欧洲介绍中国，须先知道他认为的欧州有什么病。

“在我看来,这场战争的根源,就是大不列颠的群氓崇拜(worship of the mob)和德意志的强权崇拜(worship of the might)”，辜鸿铭在序文中如此说。强权崇拜，亦即军国主义，它又是由群氓崇拜中激发出来的，故前者尤为病根。因此辜氏云：“今日世界真正的、最大的敌人，是体现在我们身上的商业主义精神。……这种由自私与怯懦结合而生的商业主义精神，造成了群氓崇拜的泛滥。而又正是英国的群氓崇拜教，导致了德国的强权崇拜教和军国主义。”

辜鸿铭是槟城华侨商人世家出身，又在英国成长，可是他对英美资本主义社会不认同。在当时中国人普遍艳羡英国工业革命及其带来之财富时，辜氏独对此提出质疑，不能说不具特见。

他认为：西方文明在罗马时是物质文明，现代则是更低级的机械文明，没有精神性的东西，不以教育出更好的人为目的。同时，现代西方的社会建立在金钱上，人与人只是金钱关系，不像东方是道德名分关系。道德名分关系是“亲亲、尊尊”的，故尊敬父母，服从人格、智德比我们高的人。西方学者却只听有钱暴发户的。

在人生观方面，西方人为运动而生活，东方人为生活而运动。西方人为赚钱而活，东方人为了享受人生才去赚钱。用孔子的话来说：“仁者以财发身，不仁者以身发财。”西方人为了赚钱连命都不要，正是不仁者。

机械文明，是人为物役；金钱社会，是人为财死。但仅仅如此，只不过是人丧失了他自己。依他的看法，祸害还不仅如此，因为这样的文明还将造成战争。

他说："现代西方资本主义社会中的人，由于并未受到好的人格教育，故其性格只是自私与怯懦的。在他们只是乌合之众时，尤其陷于深刻的恐惧中。可是，因从小受的，是人性本恶的教育，故一旦有权有力量时，便又会滥用其力，侵犯别人。为了避免恐惧（即群氓恐惧），群氓乃渐渐走上后一条路。而现代西方，恰好又是三种人占了社会的主导力量，一是报社编辑，二是商人，三是放高利贷者。这三种人，向民众宣称他们即属于民众党，事实上也就是民众之一伙，一同鼓动着战争。"

过去，欧洲之所以能维持和平与秩序，是因敬畏上帝，但现代社会，旧宗教已式微，群氓恐惧已代替了对上帝的敬畏，形成了新的宗教。所以除非它立即被打倒，否则就不仅会摧毁欧美文明，还要毁掉全人类。

三、应建立的新文明

群氓崇拜教，并不是民主主义。辜是反对群氓崇拜、主张民主的。但他所说的民主主义，又与一般所云不同。

一般所谓民主，即五四运动所推荐的"德谟克拉西"。辜氏称它："是未完成、不成熟的。同时必须强调的是：在目前这种形式下，它含有破坏性因素，所以是一种非常危险的东西。"因这样的民主会与群氓崇拜联结起来。而"居住在大都会中奢侈腐化的商人、银行家、财主等资本家阶级”，在这样的民主中又起着绝大的作用。号称民主的时代，其实根本不是以广大老百姓为基础。

在辜氏看来，民主，理应是老百姓当家做主；每个人自立自主自治，可以自我管理；然后自治地管理公众事务，形成一个完整的自治型政治实体。犹如《大学》所云：修身、齐家、治国、平天下。因此：“合理的民主政治基础，既不是人民政治，也不是为民政治，更不是依靠百姓而成立的政府，而是自然产生的对权威的尊崇。”“古代，人民服从的是神性的权威，敬畏上帝与贵族。后来则靠官僚的法治来维护社会秩序。民主社会却不需要官僚的法律、警察的鞭子，人人都能自律，合乎礼义，过着一种‘良民宗教’式的生活。”

此说乍见离奇，但对资产阶级民主的批评，有与马克思相似之处；他说人自主自治即可自然产生对权威的尊崇，也与康德论自律、道德权威等相近；对官僚法治之弊，亦鞭辟入里，有一定之价值。

依他看，这种理想的民主政治，乃欧洲文艺复兴以后，想发展而尚未完成的。可是，在中国，这却是两千多年来一直保持着的状态。晚清以降，论者抨击、否弃此种合理的、真的民主主义，而欢呼迎接不合理、不完善的德谟克拉西式的民主主义，实在是颠倒之至。

自由也一样。他认为：“最近一百年来，在通常所谓的自由主义的名义下，欧洲一直滋长着一种新的道德修养意识，和一种大异于那可称作古代中世纪文化和秩序的新社会秩序观念。……那种理性胚芽，最终发展成为自由主义思想，它在上个世纪带来了欧洲中世纪制度的彻底崩溃。”

新的道德理性意识怎样异于中世纪呢？辜说："以往的道德修养主要诉诸人心中希冀或敬畏的情绪，新的道德修养则依赖人性所具有的整个理智力量：既诉诸人的理性又诉诸人的情感。在旧的道德修养中，那种关于人性的理论是性本恶（人生来就处在原罪中），即人的本性从根本上说是坏的。而现代道德修养的理论则认为人的本性从根本上说是好的（性本善），若它得到适度的发展并反求诸身，在世界上就会产生健全的德性和社会秩序。"

因人人自治自立，不受外在权威之束缚，故曰自由。自由者所服从的，乃是："它的法令不出自外在的某种强力或权威，而是像孟子所说的，出自人类生来热爱仁慈、正义、秩序、真理和诚实本性的内在之爱"，也就是内在的良知、道德律或道德感情。

放在中西文化关系中看，中国老早就具有这种自由主义了，欧洲却还在努力建设它的阶段。因此欧洲人不要以为自己生活条件好，就自以为比较文明，老是教导或教训东方人；而应把东方文明（特别是儒家文明）看成是可以建立欧美新文明的资源。也就是说，欧美未来应走的方向，乃是中国文明的老路子。

四、君主制的问题

在真正的自由主义和民生主义中，人民自治自立，并不受君主及官僚之统治，更不受教会教皇所控制。在这种社会中，应该不必再有君王。

但这只是从“统治”的角度看。辜鸿铭所说的自由民主社会的核心，却不是一般政治学上讲的权力与管理问题，而是道德问题。

每个人发挥其善性，就能建立道德健全的社会和秩序。这时，人所服从的是内心的道德律。可是，这种道德律又是符合“王道”的，因此服从内在道德律的人，又会自然地服从王道。

其次，人内在的道德律，在政治社会中有一个符应物，那就是君主。君主代表道德人格的典型，呼唤着人民从内在服从于道德规律，过着理性的生活。因此他说：

> 对于民主政治来讲，君主的必要性，比对古代封建的意义还要大。……君主……拥有高贵的灵魂，他们都不依靠法律、宪法之类的无生命的东西来统治人民，而是依靠他们自身所有光辉的情操、灵魂来导引民众的。在贵族政治下，不太需要作为灵魂的君主。但民主政治中，由于官吏不过是无生命的统治机器之一部分，故必须依赖活生生的、实在在的君主权威，即民族的灵魂来唤发民众的精神。

什么意思？让我替他解释一下：辜氏理论最好的说明，就是《论语》“君正，孰与不正”一语。君主是作为典范、号召的存在，他并不治民，只使民自治。情况犹如我们为什么需要圣人呢？依儒家理论，人只要发挥本心良知即可，那么事实上也根本不必要有圣人。可是圣人的存在，可让我们有榜样，使我们也能被唤起，要令自己成就为像他那样有道德的人。所以圣人或君主并不驾驭人。“君正”，他们显现着正直高贵的道德人格；“孰与不正”，民众自然就都端正了。

辜鸿铭主张君主制之原委如此。他所说的君主也不是西方的君主，而是儒家所说的圣王。

五、新文明当以中国为模范

欧洲文明既出现了重大危机，暴露了它体质上的缺陷，自应改弦易辙，学习中国文明。

在批评欧洲文明时，辜鸿铭已揭橥了自由主义和民主主义的方向，并说明此一方向即中国固有的形态：中国文明即欧洲未来之方向。

中国人精神之特质，若用一句话来形容，就是良民宗教（The Religion of Good-Citizenship）。何谓良民宗教？

西方宗教，叫人信仰上帝、敬畏上帝。这固然也曾有效地克制了人的欲望、维持了社会的秩序，但现代社会中，宗教已无此功能。于是欧洲乃不得不代之以物质性的力量，如军队、警察或法律，以此逼迫人民服从，而亦渐渐走上军国主义之路。

可是在中国，自孔子以来就无军国主义，人民也不需要靠信仰、敬畏上帝才能克制情欲、形成秩序。为什么？因为中国人信的是一种良民宗教，他服从于自己内在的道德与责任感，守礼、知义，自己就会约束自己，故可得到真正的自由。

辜鸿铭说："要获得自由，真正的自由，只有一条路，那就是循规蹈矩，即学会适当地约束自己。看看革命前的中国吧。——那里没有教士、没有警察、没有市政税和所得税。总之没有一切使欧美人民苦不欲生的东西。"一个人依自己良心的标准去做事，自然在社会上就可成为良民，这样的国民还需要西方式的宗教吗？他自己就信仰服膺着良民宗教呀！

辜鸿铭依据的是孔子所说的"克己复礼""导之以政，齐之以刑，民免而无耻。导之以德，齐之以礼，有耻且格"等。礼，在这儿，均不依俗说，解为外在的礼制规范，而是内心的道德律。义则是道德义务（所以辜氏说：在外国人，人们需用警察这类物质力量来保护自身利益，在中国则不用。因每个人都能得到他人出诸道德义务感而自发自愿的保护）。

把礼解释为内在的道德律，礼就兼含了仁的意义。礼不只是森严的、规律性的，亦是温润的、有爱和对人类本身的一种依恋之情。正是由于这种仁爱、同情，所以中国人才显得温良文雅。辜氏批评日本人的礼只是"排练式的礼貌"，中国人的礼则是发自内心的礼貌（La politesse du coeur），其涵义即在于此。因为："礼貌的本质，就是体谅、照顾他人的感情。将心比心，推己及人。"

使中国人拥有这种良民宗教形态的，当然是儒家的教化之功。可是"儒家并不是通过激发对孔子的崇拜、爱戴和狂热的感情，来点燃人心中的热情，从而使人服从道德准则"，而是以学校和家庭为教化机构。家庭和学校犹如西方之教会。教会要人热爱上帝，中国的家庭则透过对父母的敬爱、对祖先的崇拜，养成了亲亲之仁与敬上之情。如孔子所云：“践其位，行其礼，奏其乐，敬其所尊，爱其所亲。”

因人人均能爱其所亲、敬其所尊，故辜鸿铭说：此种教化即是忠于君主的基础。

能忠君的，当然就是良民。儒家教化人民成为良民，因此他又称儒家讲的道理即是尊君之道，要求人民有绝对效忠于君王的责任（忠诚的神圣责任，Divine duty of Loyalty）。

此种责任，辜氏称为名分大义。他的书又名“春秋大义”，正在强调这一点。所谓名分大义，即名誉与责任的重大原则，指人人都应有荣誉感、名分意识、羞耻心，才能形成一种文雅、得体、有礼的态度。名分，类似基督教所说的“义”那般，乃对是非、凡事理应如何，那种无法名状的感知与觉察。

例如一个叫做父亲的人就该爱儿女，叫做儿女的人就该孝敬父亲。父亲是名，爱即是他该如此做的分内之事，故曰名分。推此而言，民之忠君亦是名分上的义务。

有此良民宗教与名分大义，当然就用不着欧洲的教会与警察了。

在欧洲文明面临危机而又尚未建立新秩序之际，辜鸿铭推荐这种中国“国家宗教”或“君子之道”，作为“医治顽疾的灵丹妙药”，还不止上述意义，因为他更要从根本上改造西方。

他说：“中国的良民宗教，在每个小孩刚能识字的时候就教给他一句话：‘人之初，性本善’。我认为：今日欧洲文明的基本谬误，正根源于对人性的错误认识，即根源于人性本恶的观念，因为这种错误的观念……人民所以就范于秩序，主要依靠对上帝的敬畏和对法律的敬畏。这敬畏本身就意味着强权的使用。”

欧洲在18世纪以后，逐渐脱离宗教束缚，提倡人自己的理性力量，令辜鸿铭看到了欧洲新文明的契机。可是他觉得光谈理性还不够，还应该说一种富于想象的理性（imaginative reason）。而这正是中国之所长，为中国精神之内涵，亦即既仁又礼之心灵。

六、对中国优秀文明的补充说明

中国语言的问题也一样。西方人不了解中国语文，因西方教育仅重理性，而中国语文却是种心灵的语文（确切说，乃是头脑与心灵结合、理性与情感合一的优雅语文、诗的语文），故能用简洁的字句表达深沉的感情，非西方语文所能及。

中国妇女同样也远非西方妇女所能及。她们幽娴（羞涩腼腆）而有廉耻心、轻巧迷人、有礼而又优雅，成为中国家庭的中坚。而家又是良民宗教的基石，故妇女乃是中国精神的体现者与守护者。她们的形象，可以用观世音来代表。西方女性的理想形象是圣母玛利亚，相较之下，他认为观音终胜一筹。

一般都指责中国旧社会歧视且压迫妇女，辜鸿铭赞成的姬妾制，更成为歧视且压迫妇女之例证。辜本身是主张纳妾的，但其论议不惟不歧视女性，反而推崇备至，如上文所述。对于姬妾制，他亦不以为是缺点，反而说可以此证明中国妇女具有无私的美德。

当然，姬妾制不只建立在女人的无私精神上，还有另外的原因：一、经济原因。纳妾的男子可养活无依靠的妇女。二、社会因素。西方男女结婚只基于两个人的爱情，中国则是社会性的。女人的契约对象并不是丈夫，而是家庭或家族。男女洞房后三日"庙见"，才正式成为家族主妇之礼，最足以表现这一点。三、爱情观。中国夫妇关系之具社会性，亦并不能说中国的夫妇就没有爱情；中国男人纳妾，也不见得就表示不爱妻子了。原因在于中西方爱情观不同，西方爱情观主要是性爱，中国则是一种深沉的"真实之爱"（他说的或许可称为"恩情"）。

在赞扬中国妇女并为姬妾制辩护的文章里，他也不忘抨击商业资本主义社会。他说：女人的无私精神显示一位公民并不只为自己活，更为他的家庭活，通过这种方式，才能真正形成公民秩序。西方男女，对社会无此观念，故现今之国家："假如你愿意，可以把它称为一个巨大的商行。或者说，在战争时期，它简直就是一群匪徒、海盗集团，而不像一个国家。……这种只关心那些大股东自私物质利益的大商行之虚伪国家观念，这种具有匪徒合伙精神（esprit de corps）的虚假国家观念，归根结底，乃是目前正进行着的可怕战争之根源。"

这样的推论，你以为扯太远了吗？不，辜氏服膺的是儒家所云："礼，造端于夫妇。"夫妇的形态不同，礼就不一样，国家社会自然也不会相同，故由论妇女、婚姻而申言中国之美善、批评欧西之无良，正属应有之义。

七、失败的儒学论者

辜鸿铭雄辩滔滔，而其底蕴大抵如此，颇有曲折，并不易了解。近百年中国思想界及社会意识，又恰好全与他相反，痛斥中国文化，欲以西法疗我痼疾，对他当然更不能了解。以效法西方、自命进步的人士，遂大骂辜氏保守、落伍。一旦贴上这个标签，似乎其所言便可放心地扔入字纸篓中去了，没有人再想了解他。

讲这种话，仿佛是在暗示读者：只有我才读懂了辜鸿铭。这固然也是事实，但这又何足自矜？理解本来只是第一步，但闻人言，皆须善听，唯有先弄懂了他在说什么，才能进而讨论之。

辜氏之说，可讨论之处甚多。首先，他对西方文明的批判，正如德法大多数评论者所云，虽或偏激，未得全豹，但指斥弊端，极具价值。

当时中国思想界的大环境，是艳羡西方现代文明。可是同时代西方思想之主潮却是反省批判现代化的。辜鸿铭的讲法，看起来力反欧洲，实则正是整个欧洲思潮之一部分。所以他批判商业精神、功利主义、资产阶级民主，说欧洲教育仅偏于知识，反对军国主义，说工业革命或启蒙运动后新的社会伦理并未建立，等等，在当时欧洲思想界均不乏类似的声音。马克思主义、非理性思潮、现代主义等，于此各有表现，可惜迄今还没有人把它们拿来跟辜鸿铭之说互参。

其次，反省批判当代社会者，总要举出一个“理想型”来跟丑陋恶劣的现实做对照。这个理想型社会，要不就上溯于往古，要不就悬想于未来。例如文艺复兴时期是托古改制的，马克思就主张未来将有社会主义理想世界，辜则把这个理想放在西方以外的中国。

作为“理想型”来跟西方现实对照的中国，在论述策略上，本来就应是完善且值得效法的，否则何足以令人生起向往之心？

因此他的中国，本非现实性的社会描述，乃是理想性的理念型存有。虽举出了许多中国人的行事状态，例如守信用、用毛笔写字、淳朴有礼，乃至个别的例证（如梁敦彦欲得官以孝亲，一流氓竟能照料其友等），或一些社会制度（如姬妾制）来做说明，但基本上是遗形取神的，直接就中国儒家之理想立说。

若欲反对辜鸿铭之中国论，自不难举出种种社会现实之反证，如姬妾制度下女人受委屈的例子、君权社会中君不值得尊的情况、温良文雅的礼教反而造成若干压抑摧残身心的事实。但如此抬杠，并无意义。因为并不相应，乃是另一路的论述。且中国现实上虽存在许多不尽如人意之处，亦无碍中国人精神上仍以儒家之理想为理想。

因此，若要讨论辜鸿铭的中国文化观，应探究的，是他对儒家君子国之理想，认识到底准确否。

辜氏描述的君子国，乃是人人均能发挥其善性，克己复礼，成就为君子的国家。其说依据的是孔孟所说的仁、本心、克己复礼、君子等义，基本是不错的。辜氏又引进了西方“公民”“自由”等概念，于是个人伦理道德修养就有了政治学的涵义，合理地解释了《大学》由“修身”通贯到“治国平天下”的历程，持说亦极善巧。

可是因他的整体论述是向西方人宣讲，故处处须套着西方的思想框子和认知习惯讲，对儒家的理想，其实是有选择地介绍。

例如所谓“良民宗教”。选择“宗教”这个角度来阐释儒学，大概就非我们一般说儒家义理的习惯，而是针对着西方人之思维环境。先说中国没有西方那种宗教，因为无此需要。为何？因儒家就提供了类似之功能。再说儒家也有宗教性，可称为良民宗教云云。这种说明，完全是对比着西方基督教和近代国家管理而说的，不足以见儒家理想之深美闳约。

其中最大的问题就是尊君说。

前文已说过，自治自立的良民，遵奉的是内心良知的律则，并非君王。故理论上不必设一“君”位，说奉行道德律的人不会作乱，即是体现着对君的忠诚。因为这只是对心（或心君）的忠诚，而非对君之忠诚。辜氏必欲说君、说忠诚伦理，实与儒家仍要讲圣人相似。

儒家不是说“豪杰之士，不待文王而后兴”“人皆可以为尧舜”吗？自治自立的人又何须有圣人来启发他？但儒家终究还是要尊敬圣人、师法圣人，乃是把圣人看成榜样，以唤发人的向往之情，让自己成就为圣人。辜氏讲君民关系即类似于此。

但问题是：君不都是圣王。就算君是圣王，人皆可以为尧舜、可以成就为圣人，却不可能人人均可成就为君。因此这个理论框架并不能套用。辜鸿铭对此，非无自觉，但他必欲如此，其实是考虑到西方人与上帝的关系。

他说：“虽然信奉上帝不是人们服从道德准则的必要条件，但是信奉上帝对于使人的认识到服从道德准则，却是绝对必不可少的。正是这种对宇宙秩序的认识，使得那些富于智慧的人们服从并遵守了道德准则。……因此，宗教所宣传的上帝，不过是人们心灵的一种寄托和慰借而已。……然而，此种避难所，此种宗教所鼓吹的对上帝的信仰尽管虚假，尽管属于一种虚幻之物，但它确有助于人们遵从道德准则。”

信奉上帝，本非必要，此理他岂不知？但基于这里说的理由，他仍主张应该讲上帝。而且以此形态去构想一个如西方人尊敬上帝般的儒家尊君理论：“在儒教的各种法则中，最高、最重要的，就是对君王的绝对效忠。就像世界上所有宗教均以敬畏上帝为最重要、至高无上的法则一样。换言之，教会宗教（基督教）告诫说：‘敬畏上帝并服从祂。’孔子的国家宗教（儒教）却说：‘尊崇君王并效忠他。’”

此即可见他把儒家解释为儒教，并大谈尊君，均是类比于基督教的结果。

然而，批判西方、欲以儒学改造西方，而自己竟先依照西方之说改造了儒学，把儒家讲成了儒教，辜老先生，可说是大大失算了啊！

郑孝胥：浑身是打

郑孝胥，近代名人。曾任伪满洲国总理，故骂名满天下。而善诗，诗名亦满天下。有《海藏楼集》，世称海藏楼主。以下统称郑海藏。

俞大纲《寥音阁诗话》述散原评海藏诗曰：“浑身是打。”“打”系湖南土语，谓如演拳术者，劲道发足也。海藏擅技击，能逾墙超屋，故散原如此说，并以此喻海藏诗。

一、海藏之名义：万人如海一身藏

戴君仁先生有《题海藏楼集》诗曰：“愚不堪言志可哀，秦庭惟见虎狼来。海藏楼集名山在，谁怜平生惘惘才。”旧于汪先生雨庵处见之，不知尝辑入诗集中否。

《海藏集》初刻于武昌，上元顾云（子朋）序之，故逞笔力，以自别于桐城文家，反不如陈石遗序之有味；且谓楼名海藏，乃欲

"藏楼于海庋其诗"之意，亦属误说。

今按：海藏号苏龛。龛或作厂、堪、戡，随兴立号，本无特义。然杭州南高峰烟霞洞，有寺僧刻石为财神以祀。汤蛰仙为太守时，以东坡曾游此洞，教寺僧改刻东坡像，土人即名之为苏龛。汤氏以此函告海藏，海藏乃为长诗以报，中有"平生吾东坡，异代独眷眷"语，盖颇自喜也。

其为诗，石遗以为早治大谢、柳州，后兼及晚唐、北宋诸家。实则寖馈于东坡者不少。楼名海藏，当本东坡"万人如海一身藏"句，故苍虬作苏戡六十生日寿言，第一首即有"白日当天三月半，万人如海一身藏。使君留得堂堂去，四海都知鬓未霜"。良以海藏自作《东坡生日集翁铁梅斋中》尝云："江上残年我又归，高斋雪后正添衣。终知此老堂堂在，剩觉虚名种种非。酒半题诗忘客去，香中读画爱梅肥。聚山楼外山能识，只欠相携看夕晖。"故苍虬之言如此。

又海藏有"四围山海一身藏"(《癸巳七夕官舍风雨中作》)句，脱胎于苏，"神完中有恃，谈笑却熊罴"(《贺张之洞六十生日》)则径抄东坡矣。渊源自不可掩。

二、海藏诗之渊源

海藏为光绪壬午乡试榜首，与林琴南同榜，故称林为同年，赠林之诗亦不少。林氏早学梅村，晚渐苍秀，号"杜陵诗史"，然结体松散。自云诗学蕲向在钱注杜诗、施注苏诗。海藏则劝其取法乎上，殆欲其取道汉魏六朝也。

顾海藏亦貌为大言而已，彼五言虽模大谢，固亦浸淫于韦柳；七言古近体，则从晚唐北宋入，又何尝取法乎上？

大抵闽人诗，自成面目，气味异于两湖京浙。思力沉炼，颇有倔强之致，古近体及诗钟皆然。考周亮工《因树屋书影》卷一曰："闽中才隽辈出，颖异之士颇多，能诗者十得六七，壶兰以下，间有拗字；会城以上，则居然正音。彬彬风雅，亦云盛矣。第晋安一派，流传未已，守林仪部、高典籍之论若金科玉条，凛不敢犯，动为七律，如出一手。近颇有尤异之士逸出其间者，然终不胜慎守故调者之多。"知此风气自明以来即已有之，故汪辟疆、钱萼孙皆有"闽派"之说。

海藏则于此风气中别出手眼，三十以前，专攻五古，思缛于谢客，复洗琢于东野，遂使其面目迥不犹人。语质韵远，外枯中膏，非近世闽派作家所能及。石遗赠诗，以"着花老树初无几，试听从容长丑枝"为誉。海藏亦以此自喜，《偶占示石遗》曰"凭君嘲老丑，终觉爱花枝"，《四十八岁初度》诗又曰"丑枝还着花，一笑诚可已"，《作书久不能进愤然赋此》则以荆公"谁初妄凿妍与丑，坐使学士劳骸筋"为"达哉"。丑而美、枯而腴之境界，海藏固甚向往之也。

三、海藏楼诗集

《海藏楼集》，凡增补多次，共十三卷。其中卷十一至十三，乃民国十四至廿五年（1925—1936）所作，次年孟森有序，曰："前数年，海藏有刊落风华之意，谓将不作近体诗。今读近年诗，虽危苦有甚，而风致流美，无老手颓唐之态。然则才分有定，爱好之结习与负气并行。所行皆负气之事，所作亦皆负气之诗。负气之事之果为是非，将付难齐之物论，而诗则当世固已无异词矣。”

夫此正海藏以伪满洲国事为世所不齿时也。即海藏本人亦自知："七十残年世共轻"（甲戌《九日》）、“新局微闻国论哗”（《夏至》）、“尸位三年我自评”（《题胡琴初诗后》）、“蹉跎一老世方轻”（《入都车中和病山韵》），而有“千秋酸寒徒，岂易觅吾耦？……知我者天乎！问讯堂下柳”（《四月十九日辞国务总理得允》）之叹。孟森撰序，遂亦仅云负气之事将付难齐之物论而已。

此乃微词。若行事果无可议，又何恃乎物论之难齐？不深论其是非，固所以见其是非也。

四、海藏诗具策士气

古之大家，或以情胜，或以气胜。情主于幽细，气主于雄阔。兼之者李、杜、陈思，偏之者义山、退之。然以气胜者，或如曹操、鲍照、韩愈之古直超旷，具豪杰之气者也。或如李白、龚定庵，具侠士气者也。若海藏之负气而姿媚者，则可谓有策士气。

汪旭初谓海藏“欲以忠孝售其术”，盖指此言之也。海藏自负经略，好奇计，喜抵掌论兵，而时以诗人为标榜，亦由于此。

1912 年，海藏至京，投刺中贵人，辄云“诗人郑孝胥”。甲辰

（1904）年间，以道员官四品京堂，率湖北武建军，督办广西边防，方顾盼自雄，函友人乃又曰："以诗人而为边帅。"何其好为诗人乃尔！此与罗瘿公遗嘱镌墓"诗人罗瘿公"者，貌同而心异矣。

五、海藏之负气

散原《有人传苏堪督师赴龙州道上作二篇，因题其后》诗云："登坛风貌一军惊，旄仗攒枫岭外明。功状区区捕首虏，回看貔虎卧边城。""胸中丘壑压蛮荒，解办诗人短后装。盘辟何如卷角牸，千金犒特费评量。"自注："君诗有'平生不解孙吴语，却笑诗人短后装'之句。"海藏不忘为诗人，然着短后装，亲历戎行，则日日勤放哨、教打靶、振刷士气，如临大敌。孟森在其幕，曾撰《广西边事旁记》详载其本末，海藏题五律一首，曰"行歌具区薮，归隐海藏楼"，盖有倦意也。

初，《龙州杂诗》有"官家方省事，付与老书生"语，义本东坡"堪笑钱塘十万户，官家付与老书生"，而有自负之意。诗卷第一首亦云："三十不官宁有道，一生负气恐全非。"（《春归》）故于光绪三十一年（1905）乞罢归江南时，孟森即指此联问之："今日之求去不得，与十余年前未出山时，语气相较何如？"太夷则谓"出处之故，情随境变，不可执着；独有负气，始终不改"，可谓深于知己。

今观其诗，曰"志气太强翻一折"（《己未正月三日昧爽作》）、

“功名自是误人物，败德丧真作吾害”（《己亥三月十二日作》）、“何时得停泊，甘心趋路歧。向来盛负气，不自谓我非”（《送柽弟入都》），负气之害，何尝不知？惜内热不止，遂自负“客怀漫比官为业，物望谁云国有人”（《移居绵侠营》），而至“名山谁信身堪隐”（《登摄山最高峰》）矣。

六、海藏之诡痛

《海藏楼集》中有诡托之辞，仿佛古人所谓梦中作或道行见题壁者，《啼血》诗三首是也。题曰：“高楼侨居歇浦，戊申小春，适鼎湖耗至海上，讹言腾沸。出门怅惘中，信步至张园。夕阳黯淡，风叶翻飞，车马亦已阑珊。逡巡间，于尘辙中拾得残纸，书《啼血》三首。字迹欹斜，语意诡痛，盖攀髯堕弓，小臣之辞也。”是为光绪之死而作。

其第二首云：“戊戌销沉庚子来，种因得果更谁哀？忍教宗社成孤注，可奈君王是党魁。妄意挥戈能退日，伤心失箸托闻雷。咎繇听直须天上，好劝长星酒一杯。”语至沉痛。

海藏在光绪一朝，名位不高，然于甲午之役时，已隐然左右朝局，与张謇并有仙童之目，后主维新，故其言如此。第三首自注“于南皮坐间，尝有‘皇帝人君、太后人臣’之对”，言尤显豁。于“啼血虚传杜宇魂，宁闻帝子更沉冤”之际，痛诋慈禧，“蟆肠坐愤妖吞月，鹑首空愁醉赐秦”，至以武则天况之矣。

七、海藏戚属

海藏为左海世家。父仲廉（守廉）由庶常改官都曹，长于倚声，有《考功词》一卷，本拟请陈宝琛作序，未成。见海藏《陈弢庵过谈》诗自注。诗甚少，仅传其“乐游原上驱车过，愁绝诗人李义山”一绝，石遗以为可与渔洋“仆射陂头疏雨歇，夕阳山映夕阳楼”、黄莘田“夕阳大是无情物，又送墙东一日春”同称为“某夕阳”（《诗话》卷十五）。

海藏十余岁而孤，与弟孝柽（稚辛）随从祖郑虞臣读书。虞臣为咸丰壬子进士，改户部主事，归里授徒不出。左宗棠督关时，重其人，聘为凤池书院山长十年。王凯泰抚闽，改聘为致用书院山长十年，又改主正谊书院讲席。平生布衣蔬食，书法尤独步一时，海藏受其启发甚大。

八、海藏之诗学

王闿运《论文示萧干》曰："韩退之遂云非三代两汉之书不敢观，如是，仅得为拟古之文。及其应世，事、迹、人、地全非古所有，则失其故步，而反不如时手驾轻就熟也。明人号为复古，全无古色，即退之亦岂有一句似子长、扬雄耶？故知学当渐渍于古。"（《湘绮楼集外文》之十七）

太夷学古，仿佛如此。于荆公、宛陵、韦、柳，无所不学，而渐渍于大谢。《春阴简李审言》且云："我今心折在四灵，才力自知甘守弱。"石遗又以为似遗山，皆可见其泛滥古今之迹。

九、海藏之学梅圣俞与石遗不同

民初宛陵诗之倡行，发自海藏、石遗。近人陈含光不喜梅诗，尝慨叹："居今日而欲反陈、郑之所称，几无殊在宋而非坡、谷。"实则王渔洋《池北偶谈》、全谢山《春凫集序》、潘彦辅《养一斋诗话》、王西庄《西沚居士集》等，皆已推重宛陵；《雪桥诗话》

卷九且谓宛陵仍是唐音，突过摩诘。但未如陈、郑之提倡而蔚为风气耳。海藏渍润韦、柳，问径宛陵，本不足为奇；于梅似不仅取其高峭，与石遗之所以重梅者不同。

盖石遗之称宛陵，似从其主香山、放翁来。放翁固推崇梅诗者，《剑南诗稿》上卷《六十读宛陵先生诗》云："李杜不复作，梅公真壮哉！岂唯凡骨换，要是顶门开。锻炼无遗力，渊源有自来。平生解牛手，余刃独恢恢。"与简斋"本朝诗人之诗，有慎不可读者，有不可不读者。慎不可读者梅圣俞"（《却扫编》卷中引）之说大异。集中学宛陵者亦不少，故罗瘿公谓其《寄酬曾学士学宛陵体》一首云："放翁自壮至老，服膺宛陵，集中凡五六效其体，心折极矣。放翁诗鲜新俊妙，阔大闲旷，无美不备，而其精深处，乃自宛陵得来。世之论放翁者，鲜道其学宛陵。甚矣，真能读放翁诗者之不易遘也。"石遗之提倡宛陵，盖即由其主张剑南也。

《诗话》卷廿七，"近人为诗，竞喜学北宋，学剑南者少。余旧曾提倡香山、剑南。……得宛陵之深到，而自饶宽博之致"，可见其有意如此，与海藏之偶一借径者不同。

又，赵香宋《题宛陵集》曰："发函淡泊苦不乐，时出妙句中生棱。渐寻渐得最佳处，乃觉可爱不可憎。就中有味五言上，如入古寺逢高僧。又如缘源极深涧，独骑瘦马行凌兢。取境顾不一览尽，其奥直裹山万层。固知立品绝世好，能介如石清如冰。七言亦自字字涩，乃不鹏击如秋鹰。以视苏黄则力薄，在宋作者非上乘。颇疑自处唐法外，梅之所能陈亦能……"陈指后山。而杨昀谷与夏敬观辩宛陵诗时，亦云："梅陈好句绝可爱，其力仅足造一关。"知梅陈并举，民初有此一派，与石遗之主张亦不相同。

一〇、李宣龚之学海藏

夏敬观学梅诗甚有名，得与石遗相识，则由林宰平、李拔可之绍介。

李拔可，字宣龚，一字观槿，李宗祎子。光绪甲午举人。钱默存《谈艺录》尝谓其读书得间，与海藏关系最深。海藏为汉口铁路局总办时，李即为其记室。海藏在日本有诗，题名《决壁施窗豁然见海名之曰无闷》，李氏有诗云："石遗小住藤为屋，无闷新居竹满庭。准拟过江寻一憩，午凉容我作诗醒。"时石遗在武昌，李氏辄往访，故所云如此。世谓此为学海藏一派最早之作。

后海藏居上海，园中有李氏所赠四栝。海藏既至长春，园让售，栝亦还李，海藏死，栝乃枯萎，拔可并为作《还栝图》记其事。其诗本得力于后山，因随海藏久，遂渐相似。《硕果亭集》，论者以为不让海藏也。

《硕果亭集》未见，余所见李拔可诸诗，乃自各家笔记中辑出者。朱羲胄《林畏庐学行谱四种》中云李氏有《墨巢诗集》，未知即《硕果亭集》之别名，抑其中部分。李氏别有《硕果亭重九酬唱集》，入《墨巢丛刻》中，余自王开节先生处假得。拔可号墨巢，朱氏所云，或以号名诗也。拔可曾校订《宋诗钞》，于南北宋寝馈甚深，尤得力于后山、简斋。沈曾植称其驰突韩门、直入广陵之室。海藏称其纪游之作，逼进大谢。皆能得其一面。

大抵拔可诗虽濡染海藏，与海藏之高腔，亦不尽相似；且老辈习气，洗刷净尽，无遗老臣忠君复辟及失志者叹老嗟卑等套语，故可贵也。重九诗，海藏最所擅长，拔可亦遂有此集，渊源要自不可掩。集末尚有钱锺书、成惕轩诸先生诗，余尝抄呈惕公，盖四十余年前作也。

一一、海藏与张之洞

太夷与张之洞交契，《海藏楼集》卷三、卷四可证。苍虬《苏堪六十生日》云“谈艺论兵两不穷，掀髯曾起抱冰翁”，亦特指此事。海藏陪广雅乘船自采石矶至武昌诸诗，如“不信乖崖久闲地，吴民遮看老尚书”“劫后神州运渐开，救时须是异人来”，盛推广雅。而广雅亦许海藏诗为“华岳三峰”，称“苏龛是一把手”（按：钱萼孙《近代诗评》云海藏“如三峰太华，独见高标”，即用此典）。海藏有《为邹怀西题郑子尹爪雪山樊图卷》，广雅见之，遂命乔茂萱取此图卷来，可见其欣赏海藏之一斑（见《海藏楼杂诗》之廿）。

然就诗而论，广雅主张，实勿同于海藏。如海藏论诗以涩为贵，而广雅主清切。陈诗（子言）谓海藏似王维，境静而诗远，海藏亦云：“辋川有奇兴，真味不容乱。”南皮则极不喜王维，《海藏楼杂诗》之廿一“南皮往论诗，颇亦执偏见。素轻王右丞，于诗乃尤讪”可证。广雅论诗多偏见，本不只此一端而已。

一二、海藏论诗

海藏颇善论诗。答沈乙庵有云："秋气虽宜诗，鬼语乃诗病。君诗转西江，驾浪极奔劲。云何弄细碎？意属秋坟夐。四灵若灵鬼，底足托高咏？"于四灵盖爱之而知其病。沈子培学问淹贯，诗则艰深奥衍，或伤细碎，故海藏云云。

又如闽人林庚白自负才地，《丽白楼自选诗》，称已得诗中三昧，古今诗人，推杜甫第一，海藏第二，己居第三。石遗颇不以为然，见《诗话》卷八。海藏题其诗本，但云："喜子诗能通性命，何妨取径近艰辛！""文字似非标榜事，可教尘土污毫端？静中别有精微在，莫作狂花客慧看。"略示规箴。而庚白大怒，遂以己为古今第一、老杜第二、海藏不足观。亦一妄人也。

一三、海藏之伤春

海藏集尽削少作，而以《春归》为开卷第一首。古之伤春，自以义山为著；然海藏伤春，未必即与义山同。且其伤春每云惘惘，如"春归诗社晚，惘惘三月后"（《辛亥四月二日曾刚父招集崇效寺》）、"嗅遍江梅更惘然"（《辛卯正月廿一日城西步归》）、"怅惘梅边想战尘"，"又看江南二月春"（《移居绵侠营》）、"物华易换我难春”、“只作花前怅惘人”（《过眼》）、“士有伤春泪不收”（《梁星海约游琴台》）、“花前人与春俱老，惘惘沾襟岂酒痕”（《四月八日乞假至大连星浦》）、“惘惘重经黄浦滩……伤春小杜罢追欢。修书粗说江湖意，已觉春阴到指寒”（《上海旅次寄京中友人》）等皆是。

而此类篇什，又皆集中于前七卷，卷八以后仅两见，故此当为海藏壮岁时一特殊心境，所谓“三十不官宁有道，一生负气恐全非”（《春归》）也。惧年华遽去，功名不就，虽曾宦于龙州、武汉，而“少年心未尽，怅惘若有失。沉思旋自哂，世味孰可悦？……冰天雪窖中，何事恋余热”。名心萦怀，积为内热，乃有此伤春意识耳。

凡“人生三十为一世，失却少年安可悔。朱颜销尽四十来，昔日风情竟何在”（《己亥三月十二日作》）、“牵怀何竟意犹疑，楚水销魂似别离。往事梦空春去后，高楼天远恨来时。袖间缩手人将老，地下埋忧计已迟。莫道一生无际遇，灵修瘦损记风仪”（《汉口春尽日北望有怀》）、“匆匆年少愁中过，惘惘春风梦里归。邕管投荒寄边锁，京华怀旧检尘衣”（《甲辰七月初一日作》）云云，皆是此意，古今伤春诗之别调也。

一四、海藏之艳情

海藏伤春，又有一类确属艳情。

盖此君少年多艳思，所谓“客中总觉朋尊乐，酒后差怜粉黛妍”

（《八月廿六日芝口张饮》）；“郎当游亦壮，调笑意殊狂，我辈人谁识？胡姬傥不忘！”略可想见少年冶游情状。

而此冶游生涯中，又有一女，特为海藏所眷爱，《颠斋海棠诗》：“才因老尽更谁知，只借花枝寄所思。好梦梦回余倩影，春愁愁绝减丰肌。冬郎昨夜关心雨，子美平生欠汝诗。却向龙州栽几树，他年题句待元之。”人花双写，诗中已有倩影在。

此女盖即金月梅。海藏诗中，凡称惘然者，多与歌声、梅花有关，以金月梅本伶人也。陈平达以为海藏之识金月梅在上海，时至迟为壬寅春。张眉叔先生则据《红梅》三首，以为当更在壬寅以前，其说甚是。

考戊戌秋冬间，海藏在武汉，有《闻胡琴有触诗》：“好春闲过却伤春，花月江山迹易陈。一念十年销未得，画楼银烛坐怀人。”胡琴为京剧主要乐器，且诗下有小注：“坐怀连用。”是即怀此十年前画楼银烛之夜坐我怀中之女子也。其时自在壬寅以前，己亥《人日雨中》所云“人日梅花空满枝”，似亦与金姬有关。

一五、海藏与金月梅事

海藏与金姬事，高赞鼎尝为一古诗咏之，诗前有序曰：海藏赏金月梅，不以色而以言。自光绪甲辰从龙州解兵归迎之，至丁未相处三载。一日，金请于海藏曰：君乃功名中人，我又非闺阁之选，久则相妨。徒用各悔于迟暮，何如别去为佳！海藏慨然诺之。赠以二万金，作《函髻记》寄意。《函髻记》取义于唐欧阳詹所眷割髻寄贻故事。海藏《四十八初度》两诗可按也。

高氏所知，得自魏怀，魏则亲闻于海藏，故亦并抄海藏为金氏所作之诗十三首。实则通检全集，当不止此数。如“可奈梅厅灯似月，宵来策杖一徘徊”（《梅厅》），“乍看蕊大含春思，渐觉枝繁带晓霜。蓦地闻香魂欲返，惘然自醉意犹狂”（《对梅作》），皆缠绵有深情者。

其《四十八初度》诗，乃与金月梅初别时作，其后复有《残春》两首及《送春》等，诗曰：“孤抱何曾惜，残春绝可哀。不成依斗室，复作揽高台。心与惊鸿逝，书凭梦蝶回。司勋休刻意，意尽恐难裁”；“近水生惆怅，看天抱苦辛。一闲成落魄，多恨失收身。……春风太轻别，无地着愁人”；“检点平生空自奇，渐成灰烬欲何施？送春可得回三舍，积恨应须塞两仪。来日尘劳殊未息，余年心病总难医。江南是我销魂地，忍泪看天到几时。”均以春风喻金姬，生馨照眼。

昔义山诗云“刻意伤春复伤别，人间唯有杜司勋”，袁简斋《杜牧墓》云“客里莺花逢杜曲，唐朝春恨属司勋”，太夷亦今之杜司勋也。甲戌《使日杂诗》：“刻意伤春失梦痕，怀人亭下更何言。花前白发风怀尽，不是销魂是断魂。”自注“尝于神户署中作怀人亭”，所怀即金月梅。

可见海藏于此事，用情不浅，且至老犹或不忘，故癸酉《四月八日乞假至大连星浦》其二曰：“含蕊殊浓开渐淡，人生花事黯何言。花前人与春俱老，惘惘沾襟岂酒痕？”与《春归》前后映照矣。

一六、海藏诗中之梅

然海藏诗中论梅，未必即指金月梅。因海藏父母皆葬福州西门之梅亭，诗中所写，或与此有关（《戊戌除夕在溪口作》自注可证）。乙巳《十二月初一梅亭展墓》，亦有沾袂惘惘之语，正须与其他论梅者分别观之。

一七、惘惘不甘之情

海藏而外，苍虬亦有此惘惘不甘之情，如“惘惘经过意未甘，槐阴门巷旧宣南”（《惘惘寄石禅》）、“平生归山真实意，到此惘惘仍难甘。饥愁恐怖业未尽，暂来旋去吾何惭”（《癸丑五月十三游焦山》）、“惘惘有不甘，人生极苦相”（《哭刘松庵》）、“泼眼春光浑似梦，行吟惘惘与谁同（《思念伯夔不已因寄怀》）、“后中伤敝席，惘惘岂能甘”（《毅夫同年挽诗》）、“名山绝业千秋定，只是难酬惘惘心”（《留别蛰云》）、“欲出遨游散郁伊，却愁惘惘与谁期”（《将往旧京感作》）等皆是。夫诗须有惘惘不甘之情，说始于石遗所撰《海藏楼诗序》，称诵一时，海藏诗最得此法。若苍虬，则惘惘不甘者，仅怀旧伤时而已，与海藏正自不同。

一八、海藏楼与夜起庵

太夷居海藏楼十余年，颇有感情，且楼有藏书不少，故不仅于《壬申杂诗》有“回首海藏五千卷，何年还我旧楼居”之说；即暮年，仍有“收京后必更造海藏楼”之想，见1931年《十二月廿六日天未明》诗注。

天未明，是在夜起庵也。海藏楼与夜起庵，遥遥相对：抱器怀质，遁藏上海，是为海藏；皤然一叟，匍匐东北，又非夜起而何？

集中以夜起之义为题者甚多，以迹言，则海藏每中宵不寐，夜起吟哦或看月坐雨；以心言，则“心火方自燃”，遂不免晚任伪职矣。其早岁即有“盛年不偶欲何如”（《贫女》）、“养精勤闭目，留待老来看”（《自题三十八岁小照》）之想。后则屡以夜起自诩，曰“七十老翁夜独醒”（《己巳正月十五夜》），又云：“胸中已是无波井，却为鸡声起怒涛。”虽垂老挣扎，未始无休退之思（《壬戌九日》“晚途莫问功名意，往事惟余梦寐亲”，《谢七十赠诗诸君》“俯仰漏将尽，踽踽犹夜行”，《壬申杂诗》“夜起庵中人老矣，不须辛苦损天真”，《残夜》“数盆颇惜梅花瘦，莫解残年抑郁心”，皆有哀年不必强为之意），然负气孤行，终以功名自苦，亦性格之所不得不然。

彼挽弢庵，讥弢庵为“功名士”，实则为功名所误者，固海藏而非弢庵也。其诗曰“端看不朽功名外”（《弢庵过谈》）、“因材谁可共功名”（《七月甲午师次横州》），可谓自为注脚。夜起二十年，世论多所讥弹，乃不自退省，徒为负气之说，以为“独往孤行道偶通，知音千载最难逢。世人尽在酣眠里，忘却人间夜起翁”（《使日杂诗》）；“举国欲何依？无主自致乱。老夫略识途，诪张莫为幻”（《夜起》）。谬哉！

一九、海藏晚年诗

陈苍虬《跋海藏晚岁诗》，谓：“海藏晚遇既异，可言者多，诗中大有事在。故精悍之气，不逊于前。”此与孟森序，同属微言，盖为海藏诗后不如前宛转开脱耳。

海藏入东北后，诗歌转劣，石遗书其诗后曰：“昔人之言衰老者，曰形容变而语音存。海藏支离突兀之故态，变无复之，滋可伤者，语音变耳。”直言其事，遂令海藏不悦。

然海藏居天津时，有书寄石遗，略谓此地旷爽，诗蕴都尽，大抵作诗亦随地气，山川秀蕴，则触处成吟，原野袤延，则搜剔难就云云，录于石遗所撰《海藏楼诗序》中。则诗之早优晚劣，海藏未尝不自知也。（石遗此序，引证古人诗句凡九百余言，支蔓实繁，古今无此体制。癸酉六月载入文集者，删芟甚多，然大旨固未尝异。）

二〇、海藏诗善叙交谊

海藏诗惘惘不甘，特工嗟叹，于惓怀亲朋尤为见长。如怀宝廷、伤忍庵、哭其祖郑世恭等，皆极沉痛之至。又与冯煦、顾云同出薛时雨、林欧斋门下，与顾云为尤契，故为顾所作诗，无不工者。丙申三月三十日顾云邀集薛庐，太夷有诗曰“秦老顾生莫怊怅，好留豪气伴华颠”，盖期共终老也。不幸顾子朋早卒，《海藏楼诗集》卷六中有《哭顾五子朋》诗四首及《雨中诣雨花台安隐寺奠顾五子朋》等，情辞恳切，与《悼亡》十四首（卷十一），皆海藏集中精品。暮年尚有“金陵山似梦千层，永忆平生顾子朋”（《答顾寿人见赠》）之句，二人交谊，略可想见。

至于《挽俞恪士》之“平生盛自许，诗卷肯相质。奈何海藏图，负我靳一字。行藏各有素，抱憾遂入地。湖庄波渺然，满眼故交泪”，于二人交好交恶，一生一死之间，出语极有分寸，与哀顾子朋者，又自不同，而似较前为者尤难。何则？自交恶处写之也。

昔湘绮为人传记，好从其不得意处写之，谓如此方能曲尽心事，极唱叹之致。海藏此类诗，即用此法。如《怀座主宝竹坡》“小节蹉跎公可惜，同朝名德世多讥”，上言宝廷以清流名公纳江山船妓而自劾罢官事。夫海藏为宝廷督学闽中所得士，以“沧海门生来一见”而指其蹉跎小节，实为他人所不敢言，然于此但见惜爱之厚。下以同朝名德斡旋之，尤为高明。盖宝廷以小事不谨罢归，世论惜之；同朝名德且又以名德自诩诸公，人反多讥之。以此见宝廷之可爱，而小节不伤竟成褒语矣。海藏诗之妙，往往如此。

二一、海藏论戊戌事

海藏于清末，近于清流一系，又与康、梁、林旭、杨锐、袁爽秋等交好。

杨、林二氏死于戊戌政变。袁爽秋于庚子之乱时，力疏拳民不可信、公使馆不可攻，与徐用仪、许景澄同日被戮，世称“三忠”（世或合立山等为庚子五忠，非也。据李岳瑞《春冰室野乘》，立山之死，乃拳匪涎其财富且又与人争都下名妓绿柔故）。所著有《渐西邨人集》《安般簃集》。

方海藏落第时，袁氏有诗慰之，海藏亦有答赠，今《海藏楼诗集》虽不载此，然交分实深。于戊戌事，亦不能不哭，集中如《樱花花下作》《风雨花尽》《风雨既过有二株粲然独存怃然赋之》《九日虎坊桥新馆独坐偶成》《暮寒》等，皆与此有关，特出之以比兴，难索解人耳。

尝试论之，《樱花花下作》之四“春归沧海刚三月，骨醉东风又一回”，言百日维新也。

《暮寒》：“宫中二圣自称欢，沧海归人感暮寒。旅力既愆时竟失，风波垂定事尤难。是非坐共微言绝，恢复终凭老眼看。料得泪痕潸渍笔，卅年密记在金銮。”题下自注“四月廿七日感事”，感翁同龢也。《清史稿·德宗纪》，翁以四月己酉罢，己酉即廿七日。

依《德宗纪》廿四年八月丁亥（初六）皇太后复垂帘听政，诏捕康梁等。辛卯（初十）上称疾，征医天下。甲午（十三）六君子处斩。海藏有《九日虎坊桥新馆独坐偶成》：“残秋去国人如醉，晚照横窗雀自喧。坐觉宫廷成怨府，仍愁江海有羁魂。孤臣泪眼摩还暗，争忍登高望帝阍。”可与《樱花花下作》同参。

政变时，海藏固在北京也。夫曾重伯尝有诗云“酒入愁肠惟化泪，诗多讥刺不须删”，如海藏此等诗，讥刺之意，盖甚显然。

二二、海藏重九诗

诗家每有特殊之题材而为他人所不经道者，如渊明之菊、太白之酒，皆陶、李家中物，他人不得染指。若海藏之禁脔，则重九与听雨是也。

夫海藏重九诗，特显于丁酉以后。岁岁为之，炼肃旷憀之气，出之以平淡纡折语，得天地秋气，世推为郑重九（见集末附名流诗话及苍虬《丁巳九日烟霞洞登高》之四自注）。古今无此等也。

然其重九诗，实多与夜起意识有关，如“霜菊名园堪徙倚，未妨同恋夕阳红”（壬子）、“等闲难遣黄昏后，起望残阳奈暮阴”（甲寅）、“怅望斜阳更不回”（己未）、“一丘一水饶萧瑟，尽恋斜阳晚未回”（丙寅）、“四十年来老宾客，荒祠犹怆夕阳明”（乙丑）、“夕照当楼朔气高”（己巳。以下仕伪满后作）、“晚向空桐惜鬓霜”（壬申）、“雪后重阳夕照明”（癸酉），老骥长途，徒嗟日暮，几于每诗皆然，古今重九诗，亦无此说也。

然衰迟一翁，恋此斜阳，终恐不免“半生重九人空许”“枉被人称郑重九，更无豪语压悲辛”（壬戌）。

二三、海藏听雨诗

海藏酷喜白石“人生难得秋前雨，乞我虚堂自在眠”之语。《同季直夜坐吴氏草堂》“一听秋堂雨，知君病渐苏。欲论十年事，庭树已模糊”即略用其意。石遗谓诗家自韦苏州、苏东坡以来，听雨渐为一特别意境，而虚堂坐雨又为海藏集中之特别意境，殆指此等诗而言。此陈苍虬所以有“几回听雨疏帘坐，消得人间一味凉”（《苏堪六十生日》）之说也。

集中如《官学雨中与陈笙陔夜坐》“宣南五月翻阶雨，二客虚堂坐渺然。聊喜素心共今夕，忽惊浪迹近中年”，《庚寅八月廿八日夜坐》“宵凉百念集孤灯，暗雨鸣廊睡未能。生计坐怜秋一叶，归程冥想浪千层”，《五月连雨答子朋》“雨晦风昏断来往，窗外孤鸣映书幌。……寂寂栾城话对床，平生听雨爱虚堂”，庚子《八月十一夜雷雨》“幽人独卧意殊适，江声入梦含苍茫”，《盟鸥榭雨夜独坐》“风江已自豪，妙杂秋雨响。泬寥不可名，闭目试一往”“忍寒吹灯坐，得意风涛间”，皆得听雨之神味者。至晚岁犹云：“对床听雨真佳境，爱说东坡与颍滨。老我廿年耽夜色，雨中偏觉一灯亲。”（《甲戌端午后一日雨中》）“剩与栾城期对榻，看山听雨尽华颠。”（《乙亥除夕》）可谓乐此不疲矣。

二四、海藏磨墨诗

《海藏集》中有《磨墨》诗二首，亦古人所罕道者，颇为王壮为先生爱赏。诗曰："半池秋露起玄云，宜与幽人伴夜分。湛碧凝香徐作晕，镕脂转玉静无纹。神游物表心谁契？手挹天浆意已醺。磨墨磨人更休问，凭将醇酖入深文。""盥漱衣冠只四更，惯将磨墨遣闲情。不辞漆黑休灯坐，磨出窗间一日明。"此与其写月夜"夜色不可画，画之以残月"云云，皆以落想出奇胜。

二五、海藏行迹之可议处

海藏以遗老自居，《题张力臣符山堂图卷》长序中，明白揭示此义。然遗老抱幽怀质，海藏则颇不甘于遁隐。名心未除，借遗老忠义为斡旋之地；负气行强，欲鲁阳挥戈回三舍之日。所谓"老夫未合称遗老，待拨江山反少康"（《题项墨林朱画山水》）、"莫道湖山终寂寞，遗民满卷足留传"（《题烟霞访梅图》），即指此也。

入东北，主持伪满，则云"父兄持我来京""诗人一世豪"，自比为诸葛治蜀，将回绝漠以为神京。

然伪满实乃日人傀儡。故又不免有"子房虽助汉，其志专报韩"而"灭秦复破楚，韩后终难存"之戚，知"负气非万全"矣。此老临终，未必不自悔也。

罗振玉之爱国

一

清末民初的学林，没有罗振玉，自然也就没有王国维，这是举世公认的。但身后声名，罗振玉却远不及王国维。

原因之一，是王国维有文采，治词曲时日虽短，在该领域却有突破性贡献。而文学较易动世俗之观听，不比罗氏所从事的文献辑存、器物考释、文字训诂均为枯淡事业，故其影响面较罗为广。这个道理就像钱锺书若只写《管锥编》《谈艺录》而没有《围城》等小说散文，其名声就绝不会有现在这么大一样。

原因之二，是王国维尝究心于西洋哲学，此在近世喜谈中西文化交流之时代气氛中，自然特受重视。相较之下，罗振玉就只有传统小学、金石学、文献学集大成的意义。虽然他面对了很多新材料，如敦煌卷子、流沙坠简、甲骨刻辞，但方法与观点只是略有由小学金石学过渡到现代器物学的意味，与现代考古学仍不一样。此类人物，在现代，正好是要被埋翳或遗忘的。

以上为大背景，以下两个原因则是直接的个人因素。

一是罗、王晚年交恶，恰好王国维又投水自尽。死者备受矜怜，活着的人便要受到猜疑，因此才有罗逼债害死王国维之说。连王氏卒后罗氏替他经理丧事，出钱出力，还向溥仪请封谥号等举动，也都遭人疑其别有用心。牵连所及，乃竟有罗长期利用王国维，著作皆王作而购署己名等说法，由否定人格，进而否定其学术。

二是罗振玉嗣后又随溥仪入东北，供职于伪满，所谓大节有亏，其人与其学遂乏人称道矣。

王国维投水，非罗振玉逼债之故，罗氏《殷墟书契考释》亦非王国维作而署罗名，皆历经学界考谳无疑，今日已可不必再议。唯罗氏卖国一节，则尚不能无说。

罗振玉之忠君，世无异辞，且都以为他太执着于君臣之义，遂忘了民族大义，也就是夷夏之辨。因此在满汉问题上，他固执地效忠于清廷而不能认同“驱逐鞑虏，恢复中华”的民国；在中国与日本的关系上，他企图假力于日本，以谋清之复辟，竟不免用夷变夏，徒令伪满成为日本之傀儡和工具。前者尚可恕，当时遗老多如此，后者则大为失计，不免为民族之罪人。

但谈罗之忠君，即不能不知罗也是爱国的。这个“国”，一方面固然指政权，即大清帝国；一方面也指超越政权的国家实体，例如相对于日本而说中国、中华时，这个中国，虽政权已归属他不认

同之中华民国，可是仍是他所认知的中国。而这个国家之荣枯，亦正是他所关心、他所爱的。

二

光绪廿四年戊戌他致其父函，曾谓：前上海四明公所事，宁人罢市，儿目睹西人欺凌华人，官绅不能保民，因建创办商团民团之议，意欲四民皆兵，以救孱弱。已作一说帖，遍呈当道。

他早年办农学会，研究教育问题，都跟这一函所表现的心情一样，是感到西人欺凌华人，华人不能自保，而想方设法要让中国富强的。爱国之情，十分明显。

继而，他的努力方向渐渐转移到搜辑、保存古物文献上，可是动机仍与此一心理有关。

宣统元年己酉，他有信给汪康年，谓："兹有一极可喜、可恨、可悲之事告公，乃敦煌石室所藏唐及五代人写本刻本古书是也。此书为法人伯希和所得，已大半运回法国，此可恨也。其小半在都者，弟与同人醵资影印八种、传钞一种；并拟与商，尽照其已携归巴黎者，此可喜也。闻石室所藏，尚有存者，拟与当道言之。……前车已失，后来不知戒，此可悲也。"伯希和到敦煌收购卷子，其情况一如日本人到国内收购古董图籍，当时宾主皆不以为盗。故伯希和由敦煌到北京，还举行了展览。当时国人既不知这批东西的价值，对于古物如此大量流入外邦也没感觉，罗振玉却是第一个有此认识与感觉的人，可恨可喜可悲云云，痛乎言之。

他首先想到的，仍跟前举致其父那一函一样，都是先“与当道言之”，希望藉由国家行政体系的力量来尽力补救。但这一部分，终其一生，都是无效的。政府于此，酣默迁缓，迄乏行动。以致他不得不靠自己私人的努力，设法挽回于万一。

例如以私人关系，说动了伯希和，把带去法国的藏品全部照像寄给他；他再影印出版，以飨国人，令已出国门之文物仍能仿佛存留于故土。此即《鸣沙石室佚书》。后来印德国人所得西陲古壁画，为《高昌壁画菁华》，印斯坦因所得汉晋古简，并与王国维合作考释，为《流沙坠简》，皆如此。花自己的气力与金钱，替国家保存文物，此非爱国而何？

他与王国维函札中，亦屡述此意。如民国六年丁巳七月初三，读王氏《卜辞所见殷先王先公考》后，函誉王氏“今年撰述成绩甚佳”，然后说：“昨有青岛日本三原洋行主人持湖南博士介绍书来，并挟簠斋所藏十钟至。则此物已归东瀛矣！惟彼亦仓卒不得受主，其意望弟之揄扬，可笑也。尚赖彼邦富人无学识，否则我邦古器尽矣！”

为什么在谈甲骨文字考释工作时忽然插入这一大段呢？

湖南博士即内藤湖南，为日本“中国学”京都学派之代表人物。曾九次来我国访问，收罗我国文献极多，他自题藏书处《恭仁山庄四宝诗》，便有“购将宋刊兼唐写，高揭楣匾汉学居”之句。他介绍来找罗振玉的三原洋行主人，显然也是日本在华搜购古物的掮客，希望能得罗之美言，以便将古器物脱手。罗振玉对此的反应是：“可笑也”。为什么？因罗虽颇与日本汉学家来往，与之关系极为密切，但心境迥别。此等心境在旁人面前不会露出来，尤其是面对日本人时，唯能对王国维说之。

因罗振玉此时与王国维有一个共同的心愿，要抢救文物。能买者买回，不能买者抄录影印回来。民国九年庚申六月廿九日他与王氏函谓：“近日写定古器之流出海外者，为《海外吉金录》，得二百四器，大抵海东为多。”即指此等事。对于古器流入日本人手里，方心痛之不暇，岂有闲情再为彼揄扬饰售？此所以云可笑也。

对内藤湖南介绍来的商人如此不帮忙，岂不有损他与湖南的交谊？这又要知他跟日本学界交往周旋的实况了。他虽居日本甚久，但对日本并不认同，不但觉得“彼邦富人无学识”，就是学界，他也不以为然。

如民国六年丁巳十二月十二日与王国维函，劝王赶快着手写清朝学术史，因为：“使今日我辈不为之，异日恐将如日本之作我国文学史者，无一道着语矣。……若行箧书卷不足，即稍简亦无妨。此不朽之业，亦我辈不能辞之职分也。”

这样的信，表明了两种意涵：一是对日本学界之所谓中国学，评价不高。他虽极善于与日本汉学家应酬，但心底是不看重的，故民国七年七月廿三日与王氏函又谓：“长井曾寄书来，以其诗稿至。以艰深文浅陋，其诞妄当与东京说古文者一辈人，故始终未作答。”二是虽然自己瞧不起日本学界，但人家收辑文献、整理研究都比我们勤快，我们倘若自己不赶紧动手，那就只好听人家的。与王国维函，劝其作学术史即是此意。

事实上，他一直自觉地在跟日本人做学术竞争。如甲骨，早期他只觉得“今山川效灵，三千年而一泄其秘，且适我之生，所以谋流传而悠远之，我之责也”，所以只刊印《铁云藏龟》而未做考论。后来因见日人林泰辅《清国河南汤阴县发现之龟甲兽骨》一文，才引发他别撰《殷商贞卜文字考》，开始考文证史。他鼓励王国维作清朝学术史，也是要与日本人竞争的，有勿令他人着我先鞭之意。王国维既逝之后，他只好自己动手，于民国十九年庚午著《本朝学术源流概略》一卷，可见此念耿耿，并不是随口跟王国维说说而已。

日本人不断从我国搜罗古籍器物以去，他也就不断甄录回来。《海外吉金录》《海外贞珉录》之外，尚编有《海东古籍丛残》六种。此外，《永丰乡人杂著续编》中收有《王子安集佚文》及校记，是据内藤湖南所赠上野氏、神田氏藏古写残卷影本等辑校的；《日本古写本史记夏殷秦本纪校记》亦依内藤湖南藏本等校成（此稿今佚）。足证罗氏于此用力甚勤，而内藤则为其关系十分密切之友人。

但罗对内藤并不钦服，也不推心置腹。他觉得内藤有军方之背景，治中国学，内情并不单纯；其本人对中国之态度，他也不能苟同。故民国六年丁巳九月初七日与王国维函云：“湖南昨夕启行，得意之至。然弟逆料，此行不过多见我邦耆宿数人，得古书数卷而归，政治调查，必无结果。然我耆宿果能为之开导，令彼邦觉悟平日所说之背谬，亦大佳。”九月廿日与王国维函又云：“内藤湖南想已到沪，闻至潍县陈氏看铜器。此君古雅如此，恐此行结果，不出弟预料。但望我诸老能灌输以新知识，更易其思想，未始无益。因彼邦元老及当道颇信其论也。”民国八年己未五月十五日则更在与王氏信中大批湖南：“湖南有文刊报纸上，斥中国已亡国。不知中国之亡，亡于辛亥之无君，不在今日之排日货也。继中而亡者为谁？此辈亦可谓不能自见其睫者矣。”此信口吻，殊不经见，想是湖南说中国已亡一语刺伤了他。

湖南来中国调查或访书的纪录，我曾见过的有1910年《京都大学教授赴清国考察报告》、1912年《奉天访书谈》《奉天访书日记》、1903年《宁波杭州访书》、1905年《奉天宫殿调查》等。1903年和1910年那两次都是因“见着我的中国老朋友罗振玉”，听他说起敦煌经卷和江南藏书状况，才决定到中国来调查的。其调查背后则常得到关东都督府、南满洲铁道会社的强力援助。像在奉天，即由军方出面，强行价购了黄寺所藏明代写本金字蒙文《大藏经》，并在故宫内偷拍了满文老档。

罗振玉未必深知这些所谓“调查”的实况，但他能觉察到内藤湖南的中国之行并不单纯，对其政治方面之成果也不看好。这两位“老朋友”之间当面输心背面笑、虚与委蛇的状况，最能显示出当时中日两国微妙的关系，以及在其中文化人的处境。

罗在函札中把对内藤湖南、对日本学界的种种心情与想法，毫不保留地向王国维表襮，除了因他们那时交谊最密之外，更重要的，恐怕是这种复杂曲折的心情、这种文化境遇感，乃是他们两人得以扭合在一起的重要因素。两人在《殷墟书契考释》《流沙坠简》各方面的合作，皆与此一心境有直接关系。

三

这种心境，当然也体现了他们的政治态度。民国六年五月十九日，罗与王氏书云：“观连日报纸……乃闻有托东邻作调人之说，引虎自卫，以后事事受人干涉，甚或南北从此遂成两截。分裂之祸，不成于袁世凯时代，而成于今日，岂不可痛哭流涕长太息乎！乙老诸人，依赖已成性根。往者以弟为偏，乃以不狂为狂，弟逆料其必致今日之事也。天乎人乎！”这是指张勋复辟的事。

复辟时，遗老中本有一派是主张借日本之力的。所以前三天，罗闻复辟军兴，以为大事已成时曾有信给王国维说：“此次我邦成功，不借东力。彼邦人士，凡所以诅咒谤诋，无所不至。然则借彼力而成功，为彼所至快可知。易地以思，利害可想。乙老等以前执迷不悟，今柄政矣，恐方针益惑。”对于终能不借力日本而复辟表示欣慰，然而又深忧沈子培等朝中大老仍有倚赖日本的想法。

不数日，段祺瑞通电反对张勋，果然朝中便有“托东邻作调人之说”了。罗振玉于是又写了这封信，表达他对“引虎自卫”这种办法的反对。

又过了几天，到五月廿二日，知张勋将败，罗寄信给王国维说：“日来消息日恶。调停之说，其效果非堕入泥犁不止，可哀也。黄楼未著，不知究如何。私意早定入蒙之策，异日犹可为也。黄楼去后，必至群枭相食，大局不至瓦解冰裂不止，公等恐亦不遑暇处矣。”黄楼即指张勋。

此信一方面担心张勋败后局面糜烂不可收拾，一方面仍反对日本介入。再则希望透过王国维发挥影响力，鼓吹溥仪转进蒙古，以为周旋之地。入蒙古而不走回东北老家，正因东北乃日本势力范围，罗振玉自始是反对仰仗日本人力量“复国”的。

不止反对靠日本人力量复辟，他对所有想依靠日本人的想法都反对。故同年十一月六日，与王国维信言：“今日阅报，知素等向东邻借兵费二百万元，实行南伐主义，闻坂商某已磋商债事。报又记前段之马场军费，系借三菱百万元，乃得举兵。然则大树外交，仍段不改，而此邦宗旨，亦仍旧不移，双方皆可谓天下之至愚矣。东邻之买怨无穷期，将来之结果，可以想见，而日日言善邻，可谓掩耳自欺。然我土我民，将糜烂不堪，奈何奈何！”

看这信，就知罗的政治头脑十分清楚，在遗老一辈人中实为异数。比如沈子培，罗对他也十分尊重，觉得是真读书种子，可是彼此对时局的看法就不一致。因此罗在遗老圈中颇感孤孑，此类看法，只能对王国维倾诉。

而若细究罗与沈乙庵等人想法不同之故，便可发现这不仅是复辟的策略问题，更是对国家的态度使然。复辟而欲借兵于日本，跟反复辟而借饷于日本三菱财团其实是一样的。考虑的，一是为达目的，不计手段；二是那个目的，又只关系于自己的政权或利益。

因此就前者说，根本无暇去思考手段是否合乎正义，借兵借粮于日本以后，会有什么结果，日本又何以乐于借兵借粮给你去打天下，如此打来的天下，将来还会不会是你的等问题。就后者说，亦未考虑到个人或我方这个团体的利益之外，还有国家整体利益需要维护。

正是把国家利益放在个别集团利益之上，罗振玉才会不断反对引虎自卫，担心中国会因此分裂，或竟会遭日本吞并。

这就是我说的，罗振玉的爱国观有两个不同层次的“国”，一指清政权，一是指中国这个国家。他虽效忠清廷，但内心仍很清楚政权不等于国家。这种现代的国家观，当时遗老固多欠缺，军阀也颇懵然（就是现在，大部分人还是一样搞不清楚），故日本可于其中上下左右之。

四

罗振玉对日本的作为，自然也极不满，民国七年五月廿七日与王国维信云：“昨日藤田先生忽来，言其政府外务省令渠至粤办一日报。……剑公言，彼邦办此报，实以中日亲善为目的。其实不过为彼机关报。弟将彼国之失中国人心之处，如去年五月破坏我已成之局，及彼国之对我种种侵削欺侮，山东兵事之蹂躏不法，明告以我国感情至劣。以个人私交言尚无他，若以感情论，弟与同志，皆排日党也。又历陈彼国外交，至今皆教人自杀主意，于我为助乱，于彼为自屠，并非能损人利己。剑公唯唯。若彼到沪，必访公，公亦如弟言语之可也。此君甚得彼外务省信用也。”这段话，对日本对华政策之批评，可谓深著明切；以王国维为同志，也极为明显。

罗氏向藤田所提之劝告，正准备穷兵黩武的日本政府当然不可能听得进去，因此六月十二日罗振玉就知道日本将要出兵了，给王国维信说：“日来此间出兵之计已决。报纸披露，仅七千人，然实际或十倍、十余倍于此。……彼国种祸，惟恐不深，可哀也！弟谓此次之战，将来结果，德即败矣，联合国之败亦与德等，或害且过之。因美国另有目的，非爱联合国者也。至海东，若与美争东俄利益，则美将移征欧之军与日竞烈，日不支矣。（弟意德胜祸尚远，联军与美胜则祸近，日与美此所不两立也。）故海东近来举动，愈走入绝地，所略胜于我者，尚有内田、小村一二辈，尚知痛痒耳。然何补于事？古人有言：‘兴也勃焉，亡也忽焉。’将于海东见之矣！”

这是第一次世界大战的事。民国三年德国就向俄法宣战，英国也向德国和奥匈帝国宣战了，可是到民国六年美国才参战，日本也随即参战。这个战争，一般都认为是协约国与同盟国的对抗，罗振玉却不然，他看得更深。知道日本出兵，只是为了掠夺德俄在华利益，而且战后必将形成美国与日本竞争的局面，最终会导致日本灭亡。

这个论断，直指后来第二次世界大战之形势。且恰如其所分析，日本果然一步步走向绝路。这不能不说他对世局有清楚的判断、对日本有深入的了解，故能洞烛机先。

试比较一下当日舆论，便知此类见解殆如麟角星凤。几乎所有人都要到巴黎和会把山东的权益出卖给日本后，才惊觉日本的野心，才有五四运动之爆发。

换言之，基于罗振玉的国家观，他不赞成引虎自卫，借日本人的力量复辟；基于他对世局的分析、对日本情况的了解，他又觉得日本必败。因此后来日本扶持溥仪成立伪满，依理，他是断然不会参加也不赞成的。

五

在这方面，他与郑孝胥截然不同。郑本在上海肥遁，参与溥仪朝事甚晚。民国十二年七月中，罗才知道郑北上，与王函曰："康成来都，殆海藏耶？此颇突兀。其过津不留，尤可异。此老所见，与吾辈颇殊，良可注意也！"他已敏感地察觉到郑氏北来对溥仪朝局会有大影响了。

郑孝胥是溥仪政治生涯后期作用最大的人，与罗本旧交。今存罗氏家书，宣统三年罗在天津，还有一信给弟弟罗振常说："海藏骤患胃痛，幸得救治，闻之甚念，见时为我致意。"可见交谊匪浅。

唯此等交谊，大抵与他跟日本学者交往相似，只是人情世道上的来往，心境思想上走不到一块去，故与王国维书提醒王注意此公行止，因郑之见解与"吾辈"颇异。这种话，不跟自己弟弟讲而跟王国维讲，正可见两人真是思想、心理、政治立场上的同道。

郑孝胥到溥仪处后，果然就提议让溥仪出洋游历，此举一在打开困处北京、天津之局面，二欲邀结外国同情之势力，三亦可令溥仪开拓视野。郑自以为得计，罗则甚不以为然，九月廿五日与王国维信曰："海藏近又将周游旧说重提，且有鸠合同志报效游资之说。虽未必尽做到，然此等徒乱人意，匪徒无益之事，出之鼎鼎盛名者，终恐害事，不知是何心肝，真可浩叹！"

郑是纵横家。他在清末，官并不大，名声亦不甚显，但辛亥以后，杜门养望，把自己塑造成一位大名士。日本作家芥川龙之介于民国十年来华访问时，到上海只拜访了两位文化人，一是革命的章太炎，一就是遗老郑孝胥，对郑的"隐居"生活，芥川且深致企慕。可见郑善于经营自己之一斑。

芥川《中国游记》并记载郑当时即表示：中国只要仍用共和政体，就仍不可避免混乱。但要恢复王政，摆脱乱局，只能等英雄出现。这样的英雄少之又少，"他必须同时处在具有错综复杂利害的国际环境中"（《上海游记》，北京十月文艺出版社 2006 年）。

芥川乃文人，没听懂他的话，以为郑是说英雄既如此难找，则等待英雄出现无异于等待奇迹。殊不知此语正是自道怀抱，意思是说我就是这个英雄，足堪挥戈返日。而英雄的本领是什么呢？即是善于利用错综复杂的国际环境，纵横捭阖，以取侥幸。此即郑之素志也。故一旦入都，即以溥仪出国周游为说。

然而，让溥仪出洋，自以为可藉国际情势纵横取利，实不过把一块肉放到虎狼堆里去罢了，能成甚事？此所以罗振玉斥其无肺肝也。

王国维也不赞成郑孝胥。民国十三年甲子三月廿七日罗与王书载："连日闻小女言：自郑入政府，公每夜间失眠。以告素相，素相掀髯曰：静安能如此，我亦与有荣焉。"素相指升允，与罗、王皆不满于郑者，他们都希望郑做不下去。罗女嫁王国维子，故知王每为此烦恼，罗则于稍前正月廿五日有函给王，说："海藏闻近无动作，绍欲辞职，海藏留之，此事闻之日磾。或海藏尚待新命，然后放手耶？若就此知难，则大善矣。"日磾为金梁。依信，可见郑的想法在朝中颇有阻力，罗、王也都希望他能知难而退。

到四月十九，罗又有信予王，谓："太邱之文，诒仲本欲托公上达，弟告诒仲以公受嫉已深，故由渠入都托太真。此次外间再三进言，似乎蛇足，然至尊于此，知关休戚者，正不乏人，倚郑之念，自然稍解，非无补也。……南海妄人，亦有书致庄，请代奏万不可出洋，其言颇切。郑之荒唐，更远在对山之上。"南海妄人、对山都指康有为。罗素轻视康，此次康也反对溥仪出洋，乃破例引为同道，且认为朝廷外部人士之建言对王国维他们在朝廷内部斗争有利。因王国维显然已因反对郑孝胥而"受嫉已深"，不太方便讲话了。

这次政争的结果，看来是罗、王这一方胜了，郑离开了政府。罗有信给王说："大约就此下场，郑亦恐从此不振。掀然大波，如此结果，亦不幸之幸也！"

可是，罗振玉没想到，他们庆幸得太早了。郑虽离开了政府，却并未南返，仍留在北京，徐图后举。后来也果然奉废帝入东北，就日本傀儡之局，成立了伪满洲国，任总理，纵横捭阖以自喜。

相对于郑孝胥之积极，罗、王却都不是热衷于政治的人。在上次政争后，罗、王都没有趁此更在政界施展手脚的企图，反而有争斗过后的疲惫感。罗在六月初八给王的信上就表明了：“弟现甚不欲多事，向义之心，日益淡薄，行且作自了汉矣！”六月廿九日又有信说：“弟处入都之事，森玉及袁君以柬请初二午饮，息侯劝即来都。然甚不愿为此行，因以水灾谢之。……日来于世事消极……乙庵尚书以前谓渠家先世无年过七十者，弟家亦然，解脱之期，想必非远，饰巾待尽，不自今日始矣！”不但不肯乘机入都，更有厌世之意，足征心绪至劣。

谁知不旋踵，罗竟因陈宝琛之荐，被溥仪任命为懋勤殿行走。命既下，罗岂能辞？乃因此入都，进入政局（见八月一日与王函）。这是命运使然。

而罗在朝中也不快乐，因为政争依然，政事日非。即使溥仪被逐，避居天津，小圈子里依然斗成一团。他常感到：“小人之为恶，真无所不至。弟至此，真可退藏，不欲更与闻一事矣。”（十四年二月廿八）常想退出政局，专心从事学业：“弟今年六十，各事须结束。现拟专力此事，以前满腔热望，至此不得不冰消，公当笑为钝根也。”（十四年七月廿九）也就是说他虽早年不无复辟之想，所谓向义之心，满腔热望，但在实际参与政治后却越来越绝望，也越来越没兴趣了。

这期间，他唯一可以剖释心事者，只有王国维一人，因他对朝中其他人都是不满的。十五年阳历二月有信给王说：“别后维著作日益，至念。外间风潮日恶，不知胡底，此间乃沉沉如熟睡，可叹也。”三个月后，即向溥仪请假，准备南行散心。估计他正打算离开这乌七八糟的政局，仍如从前一样，与王国维一起析疑论学，优游卒岁。

谁知又不旋踵，两人竟在这时为了女儿丧夫前后家事的处理而大起争执，王国维随后又自沉于昆明湖。罗丧失了退而可论学之友，经历王的丧事又感到颇荷皇恩，一时间自然也更不能离开，遂在那个沉沉如熟睡的朝局中继续浮沉下去。

六

据董作宾《罗雪堂先生传略》云："民国二十一年，伪满僭号，先生随入伪都，拜参议府参议。上疏辞之。溥仪允其所请，而留先生于左右，以备咨询。未几被任为临时赈务督办。丁丑，先生以年届七十有二，请准辞官。……庚辰五月十四日，先生以积劳成疾，瘁然不起，溥仪闻之震悼，特谥恭敏，并赏银治丧。"似乎罗氏晚年特膺溥仪知遇，其实恰好相反。

罗对溥仪是有感情的，那是他心目中"故国"的象征，也是他忠君信念凭托之对象，故徘徊瞻止，不忍遽去。可是对于凭恃日本人力量而建立的伪满洲国，正如前文所分析，他从理智上是不可能认同的。"忠君"与"爱国"，平时讲起来好像是可以连在一起的，但在道德实践中，这两种道德却是常会起矛盾、相冲突的。他随入伪都，但任命他做参议却又请辞，即表现了他这时矛盾的心情。后来终于辞官，大约也仍出于此一心理。何况此时伪满之政，操于郑孝胥，罗又与郑不合，事实上也无事可做。

溥仪对罗却不如董先生说得那么有情义。在溥仪自传《我的前半生》第四章中谈到罗，口气甚为不屑，不但说他是书估之子，还说王国维“最初的几部著作，就以罗振玉的名字付梓问世”。

罗氏书香世家，本非书商，王氏早年著作亦未以罗氏名义梓行，这是现在大家都知道的事，但溥仪为何会有此印象？

早在王国维自沉时，罗振玉曾代作了一通王国维遗折上奏，希望能邀圣眷，有益于王的封谥，那时溥仪就已看出来遗折是假的了。那时明知是假，而仍装着配合演戏，心中对罗自然不会有太多好感。当年朝中斗争倾轧既如此厉害，亦必有人以此谣言中伤罗氏，溥仪才会如此相信王果然是罗逼死的、王早年的著作也都被罗冒名了。

造这些谣的人，未必就是郑孝胥，但郑对罗的态度必然影响着溥仪。因此纵使溥仪早年可能还不讨厌罗，晚年写自传时至少是已看不起罗了。

但是溥仪可能一直不能体会郑孝胥才是把他害惨了的人。罗振玉在南书房行走时，并没有太多机会向溥仪细陈他反对引虎自卫的主张，否则溥仪若早具此识见，末路也不会如此凄黯了。

其实，借日本之力复国，郑本人又何尝不知它是错的呢？他有诗云“子房虽助汉，其志专报秦”，但“灭秦复破楚，韩后终难安”。可见请兵东邻，本非善举，郑固知之矣。无奈欲成功名，终铸大错，其心与其迹，实与罗不同。

七

综合以上所述，首先应知道罗振玉是爱国的。早岁致力农学及教育问题，议创民团商团，都本于爱国图强之心。中年以后，以保存、抢救、传布文物为职志，也均本于爱国一念，且在这方面做了旷古所无的贡献。

其次应注意罗氏在文化学术上与外国人存在着竞争关系，而尤其是和日本学界有着若友实敌的状态。对中土文物流入日本、中国历史须由日本人来解释，他均心存痛心。

再则，我们可发现，罗氏在学术文化上的这种态度也表现在政治上。对日本之侵侮我国，深表不满；对某些人意图假借日本人之力量来护卫自己的利益，亦不予赞同；对日本之逐渐走上穷兵黩武的路子，则断言其必败。

以上这些爱国的心情及表现，王国维都与之同调，二人也是长期为此合作共事的同道。不仅在传古方面，两人合作无间；在政治上两人也是并肩奋斗的。在遗老中，他们最亲近的，是沈子培乙庵，可是复辟一役，罗、王便与乙庵等主张借东邻以为调停者异趋。复辟失败之后，郑孝胥入都，主张溥仪放洋，二君也反对。继而王国维淡出政府，进入清华教书；溥仪遭逐，寄居天津；罗亦以日陷于斗争中为无聊，准备退出。不幸王遽自沉，罗则依违浮泛于溥仪左右，进则与世俗不谐，退又已无老友可以助学，终于流靡无所归，形成了人生的一页悲剧。爱国的人，竟陷于引虎自卫，自己所不能认同的境地中，这也可说是时世弄人吧！

我常想：当时王国维若不死，二君纵不能再联手使溥仪不入日方牢笼，亦当退老林泉，析疑论难如曩昔。这样的假设，自然无从验证，但从罗振玉给王国维的函札中，我们不难发现二人在这深沉幽微的心境上实有针芥之契，王之猝死，对罗氏心理上打击之大，实是难以估量的。像他那样忠君的人，立刻就假造了遗折，想藉王国维之口去诤劝溥仪，并请溥仪赐谥，这般甘于“欺君”，正显示了在他心目中王国维更要重于皇帝。陈寅恪解释王之死是文化托命，也才能立刻获得了他的认同。因为寄望于王国维好好做学问，以昌明中国学术为己任，乃是他本来就屡屡向王说过的。

本文不是翻案文章，大家说罗振玉是汉奸，我就偏说他爱国。而是由爱国的这个角度和线索来看罗振玉，乃至罗、王关系。讨论他们的观念与作为，也观察那个时代像他们那样的文化人的心境问题。

这是过去谈罗振玉所忽略的角度。他不像王国维，学界论王，多在王的心声隐曲、生命形态上做文章；论罗，则基本上是仅述其“迹”而不能探其“心”的。因此谈来谈去，辄觉不真切，亦不深刻。本文的分析，希望能对关注近代思潮者有些帮助。

反对国学的马一浮

现在称赞马一浮的人越来越多，都夸他是“国学大师”。他当然也论国学，可是他究竟是哪一种国学大师呢?

一般学界论民国期间的国学，马一浮其实常是个被遗忘的名字。举例言之，桑兵《晚清民国的国学研究》(上海古籍出版社2001年)，全书十一章，就没有任何一节讨论马一浮。

此书由“国学研究与西学”开端，谓西学东来，受其鼓荡，乃有国学。然国学貌若与西学相对，实则深受西学影响，有国际汉学的影子，最终并融入西方建构的近代世界体系。故第二章接着谈近代中国学术的地缘与流派，大抵分为粤派、太炎门生、新文化派、北派、南派等。第三章谈大学史学课程之设置与学风转变。第四章谈五四新文化运动的国际反响。五章说东方考古学协会。六章论陈寅恪与清华研究院。七章续讲陈氏与中国近代史研究。八章说陈垣与国际汉学界。九章考厦门大学国学院风波。十章述胡适与《水经注》一案。十一章总结："近代学术转承：从国学到东方学"。

这样的论述，说明了从当代史学界的眼光看，整个国学运动，不过是一场中国学术模仿西学，进而将自身融入西学之过程。

因此，在它初起时，颇以西人之东方学为典范，待逐渐发展到自认为"科学的东方学之正统在中国"（傅斯年《历史语言研究所工作旨趣》）时，国学运动既已达成使命，"国学"一词也就可以不必再用了。

由这个脉络看国学运动，马一浮自然就不可能被纳入视域中。以此为例，旨不在评桑氏书，而是由此凸显马一浮论国学之特殊。桑兵讲得其实不错，晚清民初论国学者，许多人不仅不反西学，更颇以西化为说。

最早梁启超即云："使外学之输入者果昌，则其间接之影响，必使吾国学别添活气，吾敢断言也。但今日欲使外学之真精神普及于祖国，则当转输之任者，必邃于国学然后能收其效。"（《论中国学术思想变迁之大势》，《新民丛报》22 号，1902 年 11 月 15 日）

接着《国粹学报》诸君也在《略例》中说："本报于泰西学术，其有新理精识足以证明中学者，皆从阐发。"1905 年 7 月 20 日该报第一年第七期许守微还有一文《论国粹无阻于欧化》。

后来新文化运动者更是径以科学方法整理国故，胡适为北大《国学季刊》所作发刊词说得十分明白："我们现在治国学，必须要打破闭关孤立的态度，要存比较研究的虚心。第一，方法上，西洋学者研究古学的方法早已影响日本的学术界了，而我们还在冥行索途

的时期。我们此刻正应该虚心采用他们的科学的方法，补救我们没有条理系统的习惯。第二，材料上，欧美日本学术界有无数的成绩可以供我们的参考、比较，可以给我们开无数新法门。”此后，整个学术界评价一位学者的成就，大抵也即以他是否能融合西学，是否有新方法、新材料为断。

马一浮却是完全相反的例子。

他据说精通西学，但实际上瞧不起西学，论国学更深以比附西学为戒。《尔雅台答问》卷一《答程泽溥一》即曾云：“足下既尝师刘宥斋先生……刘先生之书……好以义理之言比附西洋哲学，似未免贤智之过。”

《复性书院讲录》卷三《孝经大义》也批评用科学方法治国学：“天台家释经，立五重玄义：一释名、二辨体、三明宗、四论用、五判教相。华严家用十门释经，谓之悬谈：一教起因缘、二藏教所摄、三义理分齐、四教所被机、五教体浅深、六宗趣通局、七部类品会、八传译感通、九总释经题、十别解文义。其方法又较天台为密。儒者说经尚未及此。意当来或可略师其意，不必尽用其法。如此说经，条理易得，岂时人所言‘科学整理’所能梦见？”

此语，是承认儒家治经缺乏条理，意见接近胡适。但胡适因而主张取法西方，他却不以为然，认为可采佛家释经之法而通变之。

佛教原本也是外来的，但在他的观念中，儒道释乃中土之学，与西方现代学术别为两途，故宁可由佛家处找灵感，也不愿向西方科学方法取经。

这样的态度，还不够明确吗？

《尔雅台答问》另有《答张君》者，曰：

来示欲建立大同文化统系，用科学方法研究儒学，附来《我的儒家观》及《大同丛书目录简表》多种，已经浏览。足下之志则大矣，而其所立体系则未免于糅杂也。……今时科学哲学之方法，大致由于经验推想、观察事相而加以分析，虽其浅深广狭所就各有短长，其同为比量而知则一。或因苦思力索如鼷鼠之食郊牛，或则影响揣摩如猿狙之求水月。其较胜者，理论组织饶有思致可观，然力假安排，不由自得。以视中土圣人始条理终条理之事，虽霄壤未足以为喻。……今曰以科学方法研究儒学，将以建设新文化、组成大同文化之新统系，综贯世界一切科学，此在足下之理想则可，若谓遂能建设，立求实现，言未可若是其易也。

此文批评以科学方法治国学，亦极痛切。直指张氏“为学方法则误于多读今书、少读古书”，并谓今书所论科学哲学方法实远不及儒学方法。

但这里说的儒家之法，跟上文论释经之法非同一件事。这里说的是做学问的方法，上文讲的是说解经典的方式，性质与层次皆不同。

马一浮所批评的，主要是经验论哲学及与之相关的科学方法论，云其由经验推想、观察事相而予以分析，或建构体系。但因“类族辨物必资于玄悟，穷神知化乃根于圣证”，又“未有以得之于己”，故均不可靠。

这三点，一是说分析看起来客观，实仍本于主观之思力，没有科学方法论者所宣传或相信的普遍客观性。二是说此类方法缺乏“圣言量”之印证。科学方法论者以此自负自喜，但从儒家、佛家的角度看，这恰好就是它具戏论性质之处。故马一浮批评它都是“力假安排”“或因苦思力索如鼷鼠之食郊牛，或则影响揣摩如猿狙之求水月”。第三点则指这些学问都是外在化的知识与体系，为人太多而为己太少，与自己身心性命之安顿无关。

《尔雅台答问·答王君》又谈到，“《易》之‘六位时成’，乃表阴阳、刚柔、消息、盈虚之理。……杂物撰德，非其中爻不备，中正不但是位，须以德言，不可以时空为说”，“‘中无定位’，以今语释之，此乃诠表纯理，不可以数学方法求之”，更皆是具体说明了外在化解释跟内在化解释的不同。

一般说来，西方近代哲学有经验论和理性论之分。前者以培根、洛克、巴克莱、休谟为代表；后者以笛卡尔、斯宾诺莎、莱布尼兹为代表。

前者谓科学知识，尤其是实验科学，皆由经验之分析归纳来，固如马一浮所批评，不仅骛外求索，而且正像理性论者对它的质疑：经验，特别是感官经验，乃是个别的、偶然的，具普遍性、必然性的科学知识岂能建立在这样不可靠的基础上？故其方法与其目的其实是矛盾的。

但理性论把科学知识之基础推源于人的理性，事实上又必须先预设人有先验的、与生俱来的、普遍的理性能力。此说，即类似马一浮所云“类族辨物必资于玄悟”。但玄悟之思，是否必为普遍的呢？从经验上看，思辨力理性能力恰好人人不同，先验之理性法则，又须由后天之思智推测而得，则仍是以智求智的“力假安排”，当亦为马一浮所不许。

何况，就是理性论，溯求于人本身的理性能力，也不能就说已经返求诸己。因为理性未必能兼摄德性，欲以理性为基础形成的科学知识，也偏于对世界的解说和利用，并不用在改善人本身的质量。马一浮论《易》而反对以时空、数学去讲卦德卦位，正由此故。

以上为他对哲学与科学方法之总评，以下针对较具体之学说。

同上卷一《答周君》云：

> 作者于声韵甚有研究，但中土文字以形为主，非如西洋文字以声为主，故语根之名不可立也。形声字从某声者，声亦兼义，义在形不在声。如拓从石声、道从首声，须先识石与首之形义，不仅依其声而已。今曰文字之本音谓之语根，是以声为主。六书之形声字当改为声形矣。且所从之声不仅为部首之文，亦多为孳乳之字，必曰语根，亦不专属文也。以声类相通而求其义，本是古法，但声依形立，不可略形义而专主声也。

他批评者，应该是章太炎。

太炎先生的小学工夫，重在声音，批评从前治文字学者，如王安石、王船山、王闿运等皆“刻削文字，不求声音，譬瘖聋者之视书”。故他自己“作《文始》以明语原，次《小学答问》以见本字，述《新方言》以一萌俗”，《国故论衡》上卷小学十一篇，谈的也都是古今音损益说、古音娘日二纽归泥说、古双声说、语言缘起说、成均图等。为何如此？章氏说：“凡治小学，非专辨章形体，要于推寻故言，得其经脉。”因此创获所在，独在声韵。

但因声求义，本是清儒小学之特点，章氏这种研治小学的路数，亦是发扬清儒而已，它与西学又有何关系？

其实马一浮先生说得不错，章先生的声韵学之所以度越清儒，在于对西方语言学的参照和借取，语根、语基云云，即是显证。

太炎先生《语言缘起说》曰：“语言者，不凭虚而起，呼马而马、呼牛而牛，此必非恣意妄称也。诸言语皆有根。先征之有形之物，则可睹矣！何以言雀？谓其音即足也。何以言鹊？谓其音错错也……”这是讲语根。

语基，则《转注假借说》解释《说文解字》对转注的释义云：“《说文叙》曰：转注者，建类一首，同意相受，考老是也。……何谓建类一首？类谓声类。……首者，今所谓语基。”

根与基同义，称“今所谓”即表明了是用现代语言学中术语，清儒并无此术语，也无此观念，故解转注、假借皆与章氏不同。

依章先生说，同音之字，其义相同；文字之义，应从考察其声而知。马一浮反对，认为声虽兼义，但不可略形义而专求于声。此说一方面矫正了章先生说法的偏颇，一方面也点出了中国文字学不同于西方语言学的关键。

章先生之后，中国的文字声韵之学迅速地转为现代语言学，以西方学科模型为框廓，20 世纪 80 年代以后才对此展开反省，因此马先生之见，不无孤明先发的意味。

另一涉及对现代学术之批评者为同卷《答刘君》，曰："足下'惟欲'之说，或远为东原所误，近为西洋社会学家浅见所移。将来学如有进，必翻然悔之，望勿墨守以为独得也。"

胡适在解释戴东原哲学时，曾把戴氏所说的宇宙为气化之流行解释为唯物论（Mateialism）；继而又把戴震说人性中包含了"知、情、欲"，突出欲，说这是反对理学家的无欲论，以致刘君进而言唯欲论。马一浮批评刘氏，间接也就批评了胡适。

胡适在《五十年来之世界哲学》中介绍的尼采，正是唯欲论式的，依胡氏说："尼采说的意志，是求权力的意志，生命乃是一出争权力的大戏。……生命的大法，是各争权力，优胜劣败。"此非唯欲论为何?

马一浮对这些学说及治学方法的批评，表明了他对当时学风依傍、比附、取径于西学的不满，当然也隐含了他对西学的不满。他强调中国学问与彼不同："书院所讲习者，要在原本经术，发明自性本具之义理，与今之治哲学者未可同日而语。……若以今日治哲学者一般所持客观态度，视此为过去时代之一种哲学思想而研究之，

蠲戲齋文別錄卷□
襍著

擬浙江大學校歌 附說明

大不自多、海納江河、惟學無際、際于天地、形上謂道兮、形下謂器、
禮主別異兮、樂主和同、知其不二兮、爾聽斯聰、
國有成均、在浙之濱、昔言求是、實啟爾求真、習坎示教、始見經綸、
無曰已是、無曰遂真、靡革匪因、靡故匪新、何以新之、開物前民、嗟
爾髦士、尚其有聞、
念哉典學、思睿觀通、有文有質、有農有工、兼總條貫、知至知終、成
章乃達、若金之在鎔、尚亨于野、無吝于宗、樹我邦國、天下來同、

案今國立大學、比於古之辟雍、古者饗射之禮、於辟雍行之、因
有燕樂歌辭、燕饗之禮、所以仁賓客也、故歌鹿鳴以相宴樂、歌
四牡皇皇者華以相勞苦、厚之至也、食三老五更於太學、必先
釋奠於先師、今皆無之、學校歌詩、唯用於開學畢業或因特故
開會時、其義不同於古、所用歌辭、乃當述立教之意、師弟子相
勗勉詰誡之言、義與箴詩為近、辭不厭樸、但取雅正、寓教思無
窮之旨、庶幾歌者聽者咸可感發興起、方不失樂教之義、學記曰、大學始

马一浮拟浙江大学校歌（稿本）

恐未必有深益。”（《答许君》）

因此，做学问，不但应是主体涉入其中，不能客观，更应引归自身。因做学问不是对外在世界的理解与控制，而是对自己生命负责任：“象山有言：‘宇宙内事，即吾性分内事；吾性分内事，即宇宙内事。’此语简要可思。故不明自己性分而徒以观物为能，万变侈陈于前，众惑交蔽于内，以影响揣度之谈而自谓发天地万物之秘，执吝既锢，封蔀益深，未见其有当也。”（《答刘君》）

可见在学术上区分中西，不使糅杂，更不欲以夷变夏，是马一浮国学观迥异时流之处。

依此区分，他也要分判书院和现代大学教育之不同。

马一浮曾应蔡元培之邀担任过教育部秘书长，但供职不及半月便辞去，杜门读书。抗战军起，随浙大师生流徙于江西，曾为浙大学生讲说国学，又替浙大毕业生赠序、做演讲，还撰写了浙大校歌歌词，应该说仍是跟现代大学事业有因缘的。所以现在浙大还天天在纪念他。

不过，他在浙大一直自居客卿，故《赠浙江大学毕业诸生序》说“仆于学校为客”，自视为来宾致词。以竺可桢对他的礼敬，他都不肯成为浙大之一员，个中原因，实是因他对现代大学本无认同。因而进入四川以后，他就想法子另起炉灶，自办书院。

马氏办复性书院，倡议本于陈立夫、刘百闵等人。但议办书院，他就欣然就命，要他入大学，却偏要自居客位，此中便大有分别。

《濠上杂著》二集《寒江雁影录·复刘百闵》尝明确说道：“外

国语文、现代科学之研究，自有大学研究院之属主之，不在书院所治。书院之设，为专明吾国学术本原，使学者得自由研究，养成通儒，以深造自得为归。譬之佛家之有教外别传，应超然立于学制系统之外，不受任何制限。”

后来《复性书院简章》第一条，讲的也就是“不隶属于现行学制系统之内”，可见此义为办书院之第一原则。与执政诸君往复讨论而终得实施，不能不佩服马的坚持，也不能不赞叹当时主政者对学术的奖掖与宽宏。

然则，何以马一浮要如此坚持？坚持在体制外，不受教育部管辖，才能真正拥有独立自由自主讲学的空间，是十分明显的原因。除此之外，还在于他对整个现代教育体制不满，耻与为伍。

《与张立民》云：“出于捐赠则可，出于请求、名为补助则不可。如郗鉴为支道林买山；梁武帝为陶宏景立馆，遣太学生诣何胤山中受学，在当时极为平常之事，并不足矜异。至舍宅为寺、舍田供僧，蠲其租税及置学田者，历代多有之。今人但知求利，绝未梦见。其有出资兴学者，亦只是俗学。学生入学，只为求出路，以学校比工厂，学生亦自安于工具，以人为器械，举世不知其非。”即是对现代教育最深刻的批评。

教育不仅隶于学官者，受到国家政治力的管束，其经费亦受宰制，形成经济力的管束。政府出钱，学校就成为政府贯彻其政治目标之工具；私人出钱，则学校又成为大老板的工厂。学生入学，则亦无心学问，只以改善将来的政经地位考虑。这样的学校，当然不办也罢。且此等新学校，出于西方，他视为夷狄之教，要在学校之外另办书院，才能使人“知中国异于夷狄，而不致以夷狄为神圣”。

大学只是西方文明的一部分，然因大学为学术所萃，故反对西方式的现代大学，事实上也就是反对整个西方现代文明。《泰和宜山会语》于此也有数则详予言之：“从前论治，犹知以汉唐为卑，今日论治，乃惟以欧美为极。从前犹以管商申韩为浅陋，今日乃以孟梭里尼、希特勒为豪杰。……今亦不暇加以评判，诸生但取六经所陈之治道，与今之政论比而观之，则知碔砆不可以为玉、蝘蜓不可以为龙，其相去何啻霄壤也。”

近代中国之所以要向西方学习，根本原因在于中国弱、外国强，被欺负了，因此痛定思痛，由师夷长技开始，进而效其礼乐政刑，努力将自己改造成一现代国家。然后再进行文化改造、国民性改造。

这是近世文化变迁之大脉络。马一浮则直指这都是一种势力性思维，犹如古代艳说汉唐，或以管商申韩为富国强兵之用。不知现实固不能不顾，人类之生存，还有超乎现实势力之上的公理正义与文化理想值得坚持。

马这一批评，当然仍针对当日时局而发，但对西方现代国家之不满，亦显然可见。《蠲戏斋杂著》另一篇《希言》讲得更明晰：“方言爱国，而于中国圣智之法视若无物，盛慕欧化，望尘莫及，岂非不爱其亲而爱他人邪？古人言必则古昔、称先王，今则言必则现代、称夷狄，此谓他人父之类也。……（西洋）有强权而无公理、有阴谋而无正义，国际间只有利害，无复道德可言。”前半段批评近代以爱国救国为名而反传统，进行文化改造的主流思潮。后段则讲现代西方这种文化形态根本有问题，不足多慕。

这样的伦理批评，在当时实甚罕见。办书院自甘于体制外的马一浮，显然在举世均“则现代、称夷狄”的潮流中，亦自居于主流以外。

主流学界对他这类想法向来不予理会，或讥其为文化保守主义。但据今观之，则其说在矫现代化之弊方面，反而确属先知先觉。

例如当年热切的口号：“以科学方法整理国故”，现今谁都知道是行不通的。把科学定义为客观普遍的经验观察与理性分析，也浅视了科学方法。科学哲学的发展越来越强调主观、相对、模糊、测不准、不可共量、诠释典范的转移等等。

方法学的研究，例如诠释学所言，也较接近马一浮所说的，“类族辨物必资于玄悟，穷神知化乃根于圣证”。而知识论之作用与功能，也有由认识外在世界转到用以改善认识自身质量及心灵状态之趋势。

语言学方面，德里达欲解构西方语言逻各斯中心主义霸权，而覃思文字学。

教育则各式教育改革方案都在走与马先生类似的路：重德育、重古典、不以学校为工厂、不以学生为工具、不以人为器械。

对于现代社会和国家，各式后现代思潮又都指明了它具有帝国主义的殖民性，因而在伦理上对人性颇有扭曲。

凡此等等，在“现代性批判”蔚为时尚的现在，重看马先生上述论说，实在是感慨良深。国学，有新文化运动式的，也有马一浮式的，我辈当何所取舍？

熊十力：曾抚摸这世界，但并没有抓住它

张居正，是 1949 年之后颇为学人关注的明代权臣，至今市面上热销的相关图书也很多。

因为早在 1950 年，熊十力即写过《与友人论张江陵》。可见当时已有不少人想推举张居正做新时代政治的旗号。

熊先生是近代思想界重量级人物，港台新儒家学派多由他开启。但他 1949 年写的《韩非子评论》、1950 年的《与友人论张江陵》、1951 年的《与友人论六经》、1954 年的《原儒》，熊氏在港台的门人唐君毅、牟宗三、徐复观等都不能接受。或斥为猖狂纵恣、武断荒谬、疯狂；或说这是时局所限，有所激而然。

这是个有趣的对比，我们试着从其中看出点意思来。

一

明亡之征，兆于万历。万历在位四十八年，张居正主导前半场，其相业为明代所仅有，而功罪如何，是研究晚明历史问题的关键，褒贬也最纷杂。

明自胡惟庸事后，不设丞相，事归部院，内阁也只是皇帝的秘书处，张居正则公然以宰相自处。此显然与明代政治传统不合，且涉及相权与皇权相争抗的问题。神宗早期受张居正教导，后来亲政，却因讨厌居正之专权而形成反弹。这是第一个值得争论的焦点。

居正专政，故压抑监察权。其后因自己父亲死了却不肯辞职回家守丧（史称夺情）的事，不恤与言路为仇。导致死后言官的报复，差点遭到剖棺戮尸。而言官抗激的结果，又弄得万历后期之政只有朋党而无政府，言官与政府日相水火。这局面，也是张居正造成的。

居正生时，权势独尊，但批评者迄未间断。且自明开国以来两百多年，从没有门生弹劾座主的事，而首劾张居正的刘台，即是他在隆庆五年所收的进士。后来攻击他夺情的吴中行、赵用贤，也都是他的门生。

以他生时负谤、死后受祸之酷来说，到底是他在位时怙权得怨所致，还是因为他的政治措施违背了士大夫利益团体，专门“庇佑贫苦小民”使然？他是个明于治国而昧于治身的人呢，还是擅长以恩怨权势相倾轧的人？

明代宦官专擅，虽始于成祖，但到嘉靖、隆庆之间，阉权毕竟还有节制。张居正当国，联结冯保以排挤高拱、结好太后，阉势乃愈张。这对明之亡，有没有影响呢？

这些都是史家聚讼所在。《明史稿》叙张居正事，即多诋毁，《明史》才削去了一些讥谤语。整个神宗朝，没有人称道张居正。熹宗天启二年，才复原官、予祭葬，发还张家房产。思宗崇祯二年并追还二荫及诰命，十三年又追复其子官爵，这显示历史的论断有了转变，时人与后世评价并不一致。

到现代，朱东润写《张居正大传》、熊十力写《与友人论张江陵》，更是推崇备至。到底谁见事较真、闻见较切而评骘较审呢？

二

熊十力论张居正，出之以一种“争辩”的态度。

辩护集中于以下四点：

（一）张氏非法家，乃以儒为宗本，兼采佛道与法，而成一家之学。

（二）其为政任事，是以佛教大雄无畏、粉碎虚空之精神，转成儒家经世。

（三）张氏是以法令裁抑统治阶层，庇佑天下贫民的政治家，近乎社会主义。

（四）汉代以来政风，不外贿赂与姑息，张氏力矫此弊，故不能不武健严酷，以急公去私。

依此，他的结论是："江陵学术与事功，皆二千余年来罕见，而向无留意及之者。……江陵见摈于中国社会，是中国所以衰也。"他的辩护，能不能成立？

三

先说张居正的历史地位。张居正得罪名教、毁书院、与理学家的关系恶劣，是明末清初诸大儒不称道他的原因。熊十力徒伤张居正之见诋，而不知王、顾诸大儒批评他的缘故，不仅因张氏有法家嫌疑。

即使是江陵所谓相业，在黄宗羲看来，也根本是荒谬的。《明夷待访录·置相》："或谓后之入阁办事，无宰相之名，有宰相之实也。曰：不然。入阁办事者，职在批答，犹开府之书记也，其事既轻，而批答之意，又必自内授之而后拟之，可谓有其实乎？吾以谓有宰相之实者，今之宫奴也。"

居正恰好碰到主上幼小的机会，故可以大权独秉，不必经宫奴内授旨意。但体制上的原因，使他仍不得不结交内监冯保，以为奥援。

冯保甚横恣，《明史》载北郊郊祭时，冯甚至传呼直入，北面拈香。而主持建涿州二桥、承恩寺、海会寺、东岳庙、慈寿寺、万寿寺等，居正也都各撰有碑文。冯保引用门客锦衣卫指挥同知徐爵入宫，代阅章奏、拟诏旨，居正不能斥逐之，乃竟命仆人游七与徐爵结为兄弟，以资联络，又使游七入赀为官。这些，都是遭人攻击的事。

熊氏论史，徒憾世人之不能推美张居正，却对这些历史情境缺乏理解，甚或有意漠视；只知张居正学术事功有价值，不知攻击张居正者亦自有其价值。这恐怕不是很好的历史批评态度。

以他所“考辨”的四项重点来说，或许也有过爱居正之处，考而失真。如说张居正改革了秦汉以来贿赂与姑息的政风，就颇有偏差。

张居正有没有贿结冯保，暂不论。但后来查抄冯保家产时，得金银一百余万、珠宝无数，是怎么来的？此即需居正的纵容。受贿必须给人好处，好处又得从张居正手里去取，此即需张之配合。冯保要在故乡深州建坊，居正即吩咐保定巡抚孙丕扬代建，其配合或即类此。至于张居正自己及家人贪污，更是有凭有据的事。熊十力显然并没有注意到这些。

他论张江陵，大抵只是就张氏文集中钩稽索隐，而未参考时人议论及历史情境，做成综合的论断。犹如听讼者，偏听张氏一人供词，当然不尽可靠。

而且，他忘了张居正是政治家，政治语言是特殊的一套辞令，本来就得仔细甄别，不能骤然采信。

例如张居正跟辽王朱宪㸅的恩怨，张居正祖父张辽据说是辽王弄死的；但嘉靖三十三年他告籍回县三年，辽王却是他最亲昵的友人，集中酬唱之作甚多，皆称扬备至。但后来攻辽王，据辽王次妃王氏说，即是张居正公报私仇的把戏。辽王被废后，张居正又将辽王府据为己有。我们如果只看《张文忠公全集》，看不到这些斗争的实况。

又如他与严嵩的关系。不仅集中有许多文章是代严嵩作的，严嵩七十岁，他也有诗三十韵为贺，以“神功归寂若，晚节更怡然”为颂。这些文字，应该都只能视为官场周旋语。

除了应酬周旋之外，为政者又常是口是心非，睁眼说瞎话。此即张居正自己所说：“至于转旋之机，未免有迹非心是之判。士大夫责望素深，或不能尽如其意，然亦不暇顾矣。”

而这就有很大的问题。以夺情起复一事来看，熊十力认为在政治场合中不妨有权变。却不知江陵之夺情，所以大干物议者有三：

一、怙权不肯退，而搞了许多权变的花样。如先坚请守制，等皇帝诏令夺情之后，即坚不回籍丁忧，且提出了各种解释，将自己的行为合理化，后来更是借闰察之名报复要他丁忧的人，或“唆台省劾之，以昏耄，勒令致仕”。

二、违背当时伦理观念。张居正原先还说“臣父既没，理必奔丧”，后来则根本以守制为“宋人腐语”，这当然不是一般人所能忍受的。

对第一点，熊氏以为无伤大雅；第二点，熊氏又说“孝之道不一，能为天下捍大患者，当不失为孝子”，所以也不要紧。但当时攻击张居正夺情事的另一个原因，乃是不合法。

明英宗正统十二年令，内外大小官员丁忧者，不许保奏夺情起复。其后唯有景帝景泰四年五月大学士王文丁忧，九月起复；宪宗成化二年三月首辅李贤丁忧，五月起复。此皆丁忧而后起复。

张居正不同，他钻了一个法律漏洞，发明了“辞俸守制”的名词：不去官，即不必起复；不领俸禄，即不算夺情。

这对他所提倡的法治，实为一大讽刺。难怪其门人吴中行抨击他："即云起复有故事，亦未有一日不出国门而遽起视事者，祖宗之制何如也！"

熊十力只看到张居正一套辞俸守制的理论，竟以为"江陵辞俸守制，为亲为国，恩义两全"，并骂旁人批评他乃是受了两千年专制之毒。未免考证粗疏、过于偏袒了。

且江陵之败，熊十力全部诿责于时代、社会、世儒及既得利益的统治阶层，似亦过当。当时许多人都指出刚[illegible]刻、玩弄权术、排挤异己是张居正的致命伤。故人人都承认他的政绩，却人人都不喜欢他。熊十力忽略了这些问题，大赞他"以佛家大雄无畏，粉碎虚空，荡灭众生无始时来一切迷妄，拔出生死海，如斯出世精神，转成儒家经世精神"。有点可笑。

四

然而，熊十力为什么要如此替张居正捧场呢？

这是在替新政府出谋划策呀，先生！

熊十力强调张居正的政法，主要在尊主与庇民。他说：所谓尊主，"尊主之义，乃在宰相独裁"，"近于虚君共和"。所谓庇民，是指秦以后的中国社会，可分为统治与平民两阶层。统治者，包括皇帝王公大臣贵族及缙绅士大夫；劳动贫苦大众则如农民工人等。"明法以庇民，锄豪强之巨凶，佑勤苦之大众。"

熊氏迷信法治，不知法之苛察往往使得老百姓生活更苦，而所谓庇民，更常把缙绅士大夫及中产阶级视为本来就有罪，应予锄治。

主张独裁，更是不可思议。他推崇张居正“以雄才、善应，渐取政权，毅然镇压朝野群昏”。又相信这种镇压与独裁，可以只表现在行政方面，至于立法，则以遵循民意为主。这就不能不说他不懂政治了。

专制政体之被人诟病者，主要是在：（一）权力的集中，即顾炎武所说：“一兵之籍、一财之源、一地之守，皆人主自为之。”（二）法网的严密，所谓“内外上下，一事之小，一罪之微，皆先有法以待之”。（《日知录·法制》引叶适语）

据阿伦特（Hannah Arendt）的观察，专制独裁是最平等的政体，在一人专制独裁的统治下，所有的人都受此独裁压迫，因此每个人都是平等的，都同样没有任何权力，而政权的权威，则来自赤裸裸的武力（暴力惩罚）。独裁者本身的权力却毫无限制。对这样的独裁者，她曾引柏拉图的语汇“人形之狼（Wolf in human shape）”来形容。

熊十力却似乎被狼独行旷野的意象所吸引，沉醉于那“恒以数声凄厉已极之长嗥，摇撼彼空无一物之天地，使天地战栗如同发了疟疾，并刮起凉风飒飒的，飒飒飒飒的，一种过瘾”（纪弦诗）的美感之中，热烈歌颂张居正大权独揽及守法以待民。

但他基本上又是痛恨两千年来专制独裁政体之害者，因此他将帝王独裁跟宰相独裁做了一个区分，痛诋前者而讴赞后者。

然而，独裁就是独裁，不管谁来独裁都一样。历史上宰相擅权，皆无好结果。如王安石、蔡京、秦桧、韩侂胄、史弥远、贾似道，无不以“雄才、善应，渐取政权，毅然镇压朝野群昏”为事。因其地位及权力来源，与民主国家的内阁总理完全不同，遂使其结果必然如此。

特别是法源的问题，君王独裁，一切法仅是要人服从的统治法，宰相独裁也一样。我们只能要求君王或宰相主动守法，遵循大多数人民的公益与意愿来立法。但权不在民，如何“或举或罢，悉依民意”？

在一个视朝野为群昏的镇压心态下，是否还有民意？宰相既已独裁，怎么可能“居相位久，犹须考绩，以定去留”？

宰相独裁的困境，跟帝王独裁殊无二致，不可能“独裁必若江陵，而后无病”。因为这就跟期待圣王一样，纵使独裁如江陵而可以无病，“是所谓盲龟投浮木孔，千载而一遇者，岂可望凡为宰相者皆效江陵乎？”

熊十力是力倡民主的，但讲民主为什么讲成这么个奇怪的结论呢？这可能是因为他对民主的理解有点问题。

例如他相信宰相独裁好而帝王独裁不好，是由于他认为：“宰相必出自与民间共疾苦之人，是真能代表天下贫苦民众者，以此等宰相操政权，大有民主意味”；又用民本观念去解释民主，说：“行政大权，操于宰相。其言法贵宜民，则法之不本于民众公意者，人主固不得以其私意制定也。”他以为这就是原本《春秋》的民主思想，非商韩诸法家的霸王主义，只以人主行极权。

然若只是法贵宜民，法家何尝不讲？《管子·君臣篇上》“先王善与民为一体。与民为一体，则是以国守国，以民守民”，《慎子·威德篇》“立天子以为天下，非立天下以为天子也；立国君以为国，非立国以为君也”，“古者立天子而贵之者，非以利一人也”，都有替天下谋公益的精神。

但是政治主权不在民，掌握政治权力而能有效行使其权力意志者在君不在民，即成为“独权者，神圣之所资也；独明者，天下之利器也；独断者，微密之营垒也。此二者，圣人之所则也”（《管子·霸言》），“权者，君之所独制也”，“权制独断于君则威”（《商君书·修权》）。

这种独裁独夫之政，是因其位而来的，与在位者是否出自民间，可说毫无关系。

五

熊十力之所以提出这样怪异的独裁民主主义，并非居心不良，而是与他的学术有关。

公羊学家对太平世界的理想，既然是“群龙无首”、荡平一切阶级，自然会以平等为宗趣。以西方思潮来说，这便趋于社会主义。晚清最典型的例子，是谭嗣同、廖平、康有为。梁启超曾说康“先生之哲学，社会主义派哲学也”，一点也不错。熊十力的思想，正是这一脉络下的产物，特别是康有为对他影响极大。

他从不肯称赞康氏，但由他的著作中可以发现，康氏的书没有一本他没看过。他既顺着康的思路在走，却又处处以康的说法为超越之对象。

其说大体为：《春秋》特详外王，而根源在《易》；《春秋》变一之谓元，即大《易》乾元始物义。然《春秋》及其他经传，都遭后儒篡乱，以附会帝制，只有“三世”是孔子大义；而《易》先天而天弗违，后天而奉天时之大用，即寓三世之义。

这三世，是孔子立定改造世界的大计划，旨在消灭阶级，不许有君主、贵族统治天下庶民，成为民主社会。至于制度，俱详《周礼》，其原理在于“均”与“联”。均即平均平等，联即互助。

《读经示要》《与友人论张江陵》《与友人论六经》《原儒》，翻来覆去，千言万语，宗旨不外乎此。如《读经示要》卷一总括群经言治九义，说应以“诚恕均平为经”“终之以群龙无首”；《与友人论张江陵》说“江陵之法治主义，在乎夷阶级、去豪强，将使天下之人人，各安其业，各遂其生，无有贵贱亲疏，一切受治于法，一律平等”，“儒者言群龙无首，是万物平等义”；《与友人论六经》说“春秋张三世，其由升平进而太平也，则有群龙无首，平等一味，各得其所之盛”等。

由这个观点出发，他才会反帝（帝制及帝国主义），批判统治阶层，认同群龙无首的虚君共和与民主，倡言社会主义。《与友人论张江陵》谓“江陵承孔门之遗教，而欲实行其所怀抱之社会主义”，

《原儒》卷上说许行“不许有劳心劳力及治人治于人之分，诚哉社会主义之开山也”，《与友人论六经》说，“《周官》一经……堪与《大易》《春秋》并称员舆上三大宝物，实行社会主义，犹须参证此经”，“孔子明其所志曰：老者安之，少者怀之。明是社会主义”。

推其极，亦可言共产，如《韩非子评论》及《读经示要》卷三说井田制就是集体农场，《原儒》说大同即是建立人类共同生活之规制的社会云云。

正因他一贯主张社会主义、土地财产公有，所以他评价新政权说：“共和初建，抗美援朝，政府励精图治，天下向风。”

而且，他对张居正的推崇，也投射到毛公的身上，认为：“毛公思想，固深得马列主义之精粹，而于中国固有之学术思想，似亦不能谓其无关系。以余所知，其遥契于《周官经》者似不少。”

当然，熊先生也特别指出张居正“见地上根本错误”者，在于压制思想之自由。卷头增语云：“学术思想，政府可以提倡一种主流，而不可阻遏学术界自由研究、独立创造之风气。否则学术思想锢蔽，而政治社会制度何由发展日新？江陵身没、法毁，可见政改而不兴学校之教，新政终无基也。毛公恢宏旧学，主张‘评判接受’，足纠江陵之失矣！”

项庄舞剑，用心至为明显。书中论江陵学术治绩之前，先批评他欲铲除周代文制的偏见，亦是如此。说：“毁人性、毁学术、锢思想、荡灭文物，祸极于吕政，集申商韩之大成，而乾坤几乎熄矣。”

但微词譬况，尚无效果，即不得不出之以直言。这就是几个月以后写的《与友人论六经》。

《与友人论六经》全文约七万字，据说也是一封信："春初晤友人，欲谭六经。彼适烦冗，吾弗获言。退而修函，知其鲜暇，亦不欲以繁辞相渎。"此友为何如人，不难想见，而结尾时又说："今奉书左右，至希垂察，并恳代陈毛公赐览，未知可否。书中所请，设立中国哲学研究所与恢复内学院、智林图书馆、勉仁书院等办法，恳代达政务院，是否有当，伏候明教。辱在相知，故敢相渎。伯渠、必武、沫若诸先生，统希垂鉴。"

《与友人论张江陵》提到毛泽东评判接受之说，这本书即反复说："愿政府注意培育种子""今政府注重学习，于'读法'亦相近，但于新知与古义，自宜融摄""文化方面，如学术思想，无曩时帝者愚民政策之毒，任其自由发展，尽有评判接受之益"，"所谓复兴者，决非于旧学不辨短长，一切重演之谓。惟当秉毛公评判接受之明示，先从孔子六经清理本源。此则晚周诸子犹未绝者，或残篇仅存及有片言碎义见于他籍者，皆当详其本义，而后平章得失。"

并建议："唯评判一事，确不容易。政府必须规设中国哲学研究所，培养旧学人才。凡在研究机关工作之学者，只须对于新制度认识清楚，不得违反，而不必求其一致唯物。其有能在唯心论中发挥高深理趣，亦可任其流通。"

这都可见他曲折转进以求伸扬民族文化的苦心。看来他并未"疯狂"，仍在用他的经学劝谏！

陈寅恪先生的学问

近年陈寅恪先生的声望极高。但我现在要谈的不是作为政治符号的陈寅恪、作为“自由之精神，独立之思想”这种口号标签的陈寅恪、作为意淫柳如是之媒介的陈寅恪，而是他的学问。

陈寅恪先生的学问其实非常冷僻，主要是中外文化交通史、南北朝及隋唐史。中年有《隋唐制度渊源略论稿》《唐代政治史述论稿》《元白诗笺证稿》等，均属此一领域。末年身世多感，遂有《论再生缘》《柳如是别传》等。这些，前者属于专业史学之作，后者则连在史学界也是冷门的。

但陈先生却与一般学人不同，行内行外皆仰其声名。此亦一异数也。

近年坊间还颇有不少论陈氏的专书，令誉不衰，更胜从前。彼以名公子，擅长多种语文，得与梁任公、王国维并肩于清华大学为国学导师，自为海内外所景慕。兼以博学强记，著述宏富，为世所推。后婴眼疾，末年身世，辄多可伤。其遭际、其学术，渐成为学界中一则传奇，甚至被称为“神话”，屡经传述，殆非无故。

然而，纯从学术上说，陈先生是站不住的。

他号称通晓几十种语言，但真正用在研究上而有创获者，其实不多。偶尔运用其梵文知识考释中古史料，也多迹近附会，或无关紧要。

在研究方法上，陈先生固然有方法论的方法意识，但主要仍以史料考证为之，且乏玄思，不能处理哲学问题。

其具体研究，也往往可商榷。例如他讲南北朝史，论《切韵》和四声，坚持四声系受佛教影响、《切韵》为一地方之方言。近来讲声韵学的人，或不以为然。他谈隋唐制度之渊源，谓唐代官制依隋，隋依北齐。但唐太宗所定三省制，实系采用梁陈旧制，根本不是北朝制度。牟润孙先生已有驳正。凡此皆因陈先生自己对汉族以外的文化有些知识，故论南北朝史喜欢谈域外影响、论隋唐史喜欢讲其北朝渊源，而不知其立言之偏宕也。

他的唐史研究，问题更多。他认为唐代前期采“关中本位政策”，后来武后起用文学科举之寒人，逐渐形成后期朋党之祸，世族与科举进士阶层相倾轧，而唐室以衰。这整个描述都是错的。

其中针对个别事例所发之议论考据，亦多经不起推敲。如他考证《长恨歌》，谓白居易之诗与陈鸿之传，应该是个不可分割的整体；说唐人传奇之盛，是由于进士之温卷；说唐人小说之发达，与古文运动有密切关系等等，后起的研究，都证明了他曾经误导过许多学人。

我曾写过一篇小文批评陈先生的《天师道与滨海地域之关系》。陈氏此文，一考黄巾之起源，谓起自东方滨海地域；二论东晋孙恩之乱，云其主因在于皇室中心人物系天师道人物；三考刘劭之弑逆，知彼亦有道教背景；四辨北朝寇谦之与崔浩家族之奉道，亦与滨海地域有关；五则历数南北朝天师道世家；六谈天师道与书法的关系。该文为陈先生之名作，李玉梅《陈寅恪之史学》（香港三联书店，1997 年）一书，特举此文示例说明陈氏史学之奥妙。杜正胜《历史研究的课题与方法：就宗教史的研究论》亦盛赞该文取径特殊、眼光独到。

然而他们都不晓得：陈先生的大文实有根本性的错误。因为他把南北朝所有的奉道人士都视为天师道徒，又把所有道教活动都牵合到滨海地域去谈。完全忽略了南北朝间天师道以外尚有许多道派，且除了滨海地域有道教，其他地区也有道教在创立、在发展。所以他文中所举以说明天师道与书法之关系者，几乎大都不是天师道的事例。把黄巾太平道、正一天师道、上清道、新天师道等混为一谈，这岂不是笑话吗？

但陈先生虽然搞错了，这篇文章仍然很有价值。它用一种文化地理学的方式，运用“滨海地域”这个地理因素，去对南北朝许多道教信仰及活动现象进行解释。这个方法是极有用的。它所显示的宗教政治社会运作功能之研究导向，也与历来偏重思想渊源、宗教变迁、宗教叛变者殊趣。此即足以益人神思、导启后昆矣。

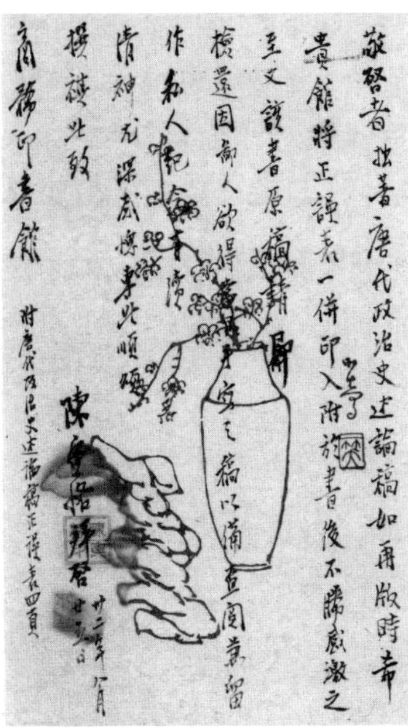

敬啓者拙著唐代政治史述論稿如再版時希
貴館將正誤表一併印入附於書後不勝感激之
至又該書原稿請
檢還因鄙人欲保存原稿以備查閱兼留
作私人紀念也費
清神尤深感謝專此順頌
撰祺此致
商務印書館
陳寅恪拜啓 卅二年八月廿五日
附唐代政治史述論稿正誤表四頁

某些先生们写论文，只证明了一件事、说明了一个理，虽也讲得井井有条，一丝不错，却对研究者无大用处。除了让人知道那件可能并无知道之价值的事之外，方法与观点都推拓不出去。相较之下，陈先生固然是错了，价值其实反而比那不错的更要高些。所以我虽说他多有错误，却不认为他毫无价值，这是该分别观之的。

陈先生其他论文，不敢说也是如此，但有类似的趣味。以唐史论，岑仲勉于陈氏之说，每多异议；我也较赞成岑先生，觉其功力或在陈先生之上。但岑先生乃学人之文，工夫密栗而风采不及。陈先生的本领，则恰好不在一般人所称赏处（什么博学啦，能“占有”资料啦，精通殊方异语啦，等等），而在选题奇而锐、举证曲而巧。此乃神思，天孙织锦，好处非力学所能到。

其说，最终被证明多是错误的，事实上也就说明了原初落想讨论那个问题时，本来就发诸奇思妙想。奇想以其为奇，故能动人，故能耸动观听，令人从而求之。求虽弗得，然此论域竟为之大辟，相关议题乃得俱遭推考。是其奇思妙想，纵或为谬，亦对学术发展大有功焉。他人考证功深，固能纠陈氏之失，于此，终不能与陈氏颉颃。

这就叫“才学相发”。早期以才驭学，驱遣史料，以自道其文化观；晚则以学抒情，借古人酒杯浇自己的块垒，其史学竟成为诗学矣。

在这个基本认识底下，我要接着谈一谈的是陈寅恪所代表的学风问题。

陈寅恪出身世家，但十三岁就东渡日本。二年后返南京。旋以考取官费留日，乃又赴日本就学。一年后，因病返国，才考入吴淞复旦公学读书。1909 年毕业后，又赴德国柏林大学留学。继而游学于瑞士。1913 年入巴黎大学。同年返国，1918 年再出国，入美国哈佛大学主修梵文及其他学问。三年后，又转往柏林大学研究院，研究梵文及东方古文学等。在哈佛之同学友人，有汤用彤、梅光迪、吴宓等；在柏林之同学友人，为傅斯年、俞大维、毛子水等。

在欧美所学，转历多师，但基本上以语言研究为主。在哈佛时，随蓝门（Lanman）习梵文、巴利文。在柏林，随鲁斗（Henrich Lüeders）读梵文、巴利文。陈氏较精熟之外文，事实上也仅此而已，故他《与罗香林书》曾说：“外国文字，弟皆不能动笔作文。”可见他对其他外文，均只略识读，非能精通。后来陈氏友人及学生常艳称他的外文能力，说他懂二三十种外文。实则吉尔吉斯语、高加索语、吐火罗语、坚昆语等，陈先生之所谓“懂”，大概只是略识之无。既不能动笔写文，亦罕能用在其研究中。真在其研究中起作用的，既非英文、德文、法文、日文，也不是中亚诸国文字，仍只是梵文、藏文、巴利文。

这些语文的研究，正是彼时欧美东方学（包括汉学、印度学）之一种风气。当时欧洲著名的汉学家高本汉、沙畹、伯希和、马乐伯、卫礼贤，都擅长用这种通过语文考证以研究史地民俗之方法。陈寅恪无疑受其影响。戴密微甚至说，陈寅恪在巴黎时很可能去听过伯希和讲授的各种课程。

因此，当年清华国学院的主要学风，乃是由传统经史学曲折转向欧美汉学式之研究。另一位导师赵元任，同样也是这种语言研究路数。他本修习数理与音乐，乃哈佛物理博士，赴欧与高本汉论学，译其《中国语言学研究》后，便一直以语音学及方言调查为主，可说既延续着欧洲汉学重语言的特征，又结合了他自己的科学背景，更进一步地科学化了。

名为“国学”的研究院，使用的，或盛行的却是这种西方人看东方中国之“汉学”方法，当然是种吊诡，落入东方主义而不自知。但当时陈寅恪并未发觉这有什么不对，他在写给妹妹的信中反而说：“如以西洋语言科学之法，为中藏文比较之学，则成效当较乾嘉诸老更上一层。”此虽针对汉文与藏文而说，但在其他领域，大抵也可适用，可代表彼时诸君之主要抱负和观点。

陈寅恪后来的研究，并不局限于此一观点和方法。可是他初返国门，任教于清华时，可说基本状况即是如此。此一时期，上课主要就是讲梵文和西方的“东方学”，研究也以中古佛教史为范围。对中古佛教史之考证，则集中于语文方法之应用。蒋天枢《陈寅恪先生编年事辑》尝云陈氏在 1927 至 1935 年间，于佛经用力最勤，于有关典籍“时用密点圈识以识其要，书眉、行间，批注几满，细字密行。……行间书眉所注者，间杂有巴利文、藏文、梵文等，以参证古代译语”。此即其治学之基本状况。

具体的研究，如《大乘义章书后》，批评天台宗智者大师把“悉檀”之檀，跟“檀施”之檀混为一谈，不知悉檀乃 Siddhanta 之音译，意译为理或宗；檀施则为 Dana 之译，二者毫无关系。

《三国志曹冲华佗传与佛教故事》，则谓华佗二字，古音与印度 Gada（神药）音近，“当时民间比附印度神话故事，因称为华佗，实以药神目之”。

又，《魏志司马芝传跋》考曹洪与临汾公主侍者共事之“无涧神”，乃无间神之讹。无间，乃梵文 Avici 之意译，音译为阿鼻。

《西游记玄奘弟子故事之演变》一文，又考证孙悟空大闹天宫是两个原本不相干的印度民间故事：闹天宫，本于印度《顶生王升天因缘》，孙悟空则来自印度纪事诗中工巧猿 Nala 造桥渡海，直抵楞伽之故事。至于猪八戒在高老庄招亲，陈寅恪也疑心那是从牛卧苾刍而惊犯宫女的故事衍变来的。凡此等等，都是利用他对梵文和印度故事的熟悉知识，以破昔贤之妄，以辨中印影响之迹。

当时国人对于此等语文知识，极为陌生，故于他所言，不免惊其河汉，为之低首下心。蓝文征回忆道：“上课时，我们常常听不懂。他一写，哦！才知道那是德文、那是俄文、那是梵文，但要问其音、叩其义，方始完全了解。”

这，大概就是当时人们读陈寅恪此类文章之感受。对印度史事、文献及语文缺乏相应之知识，亦根本无从判断他说得对不对。

但是，穿过语文障碍后，这些考证的价值其实颇为可疑。华佗的古音是否真与 Gada 相近，就值得讨论。纵令相近，又何以证明华佗不是他本来之姓名，而是民间比附印度神话故事，取药神之名以称其人？何况，这个考证，是假设当时社会上已广泛流行着印度药神的故事，深中人心，故才会将华佗比附于这个故事。这个假设，在文中非但缺乏论证，甚且更将假设变成结论。

又如其考证曹洪侍奉无间神那样，想借以证明“释迦之教颇流行于曹魏宫禁妇女间”，在方法上也是完全不能成立的。

曹洪所拜的无涧神，经他考证，说是无间神，看起来很有道理。可是无间神是什么神呢？若云乃阿鼻地狱之神，则佛教之阿鼻地狱固无神也。若云即是民间所说的泰山府君、十殿阎罗之类，世人拜之者多矣，又何至于仅因拜这类神，就要系狱？

再说，孙悟空、猪八戒的故事，与印度故事只是相似而已，陈寅恪却以其相似而说影响。仿佛是某甲吃饭，我也吃饭，陈先生便出来考证道：原来某甲之吃饭，乃是受我影响使然。有这个道理吗？更不要说那些故事跟《西游记》还真不太像了。

明明是孙悟空大闹天宫，偏说是本不相干且又与西游故事并不像的两个印度故事之拼凑。明明是猪八戒招亲，偏说是牛卧苾刍之变貌。这不是考证，只是一肚皮印度知识无处张皇，故于史册小说中去捕风捉影罢了。

在这些考证中，陈先生也没告诉我们：何以中国人就一定想不出孙悟空大闹天宫、猪八戒招亲这样的故事，必须受启发于印度。印度那《顶生王升天姻缘》和巧猿造桥故事、牛卧苾刍惊扰宫女故事，又在什么时候普传于中国民间，以致文人涉笔，可以取法于斯？

陈先生这个时期的考证，在方法跟实际上，往往站不住脚，可说是十分明显的。可是，前文已说过，时人惊于其语文知识和记问之博，于此机关，大抵均未觑破。

看不破这一层，事实上就仅能停留在语文知识跟史料排比上，对于“历史解释”这部分，或无法着力，或仅能如陈先生那般，胡乱解释以说其渊源影响。陈先生或清华国学院所培养的学者，不少人就表现了这个现象。

造成这种现象，或许也不是陈寅恪或他那个时代学人的过失，而是时世风气使然。

当时德国史学流行的是历史语言考证学派。兰克所说“如实重建”（wie es-eigentich gewesen），及尼布尔（Barthold Georg Niebuhr）所主张的：把神话和不实的记载排除在史著之外，让隐晦的真相重新建立起来，而建立之方法，即是语文考证云云，乃是风靡一时之法。

傅斯年当时在德国，学的也同样是这套方法，因此返国以后便致力于建设历史语言研究所，提倡重建史实，且希望把历史学建设成为像生物学、地质学那样的科学史研究机构。而特标名为“历史语言研究所”，就显示了语文考证方法在其中的重要性。

要把历史学建设成为一门科学的雄心，更表现了那一代史学家企图客观重建历史事实的理想。这个理想及其考证方法，透过清华国学院以降诸史学教育机构，一代传一代，影响迄于今。

但兰克代表的，其实是19世纪的史学。“重建过去如当时发生一般”的客观史学路数，到20世纪早已迭遭批判。史家逐渐发现：客观的历史事实固然曾发生于过往的时空中，但那是已经消逝之物。

今人当时既不在场，如何认知这已消逝之物，就构成了认识论上的难题。客观史家相信只要依凭证据（文献或物质的），即可不涉主观地重建过去。如今看来真是天真可哂。

因为那些“证据”其实只是“材料”。材料需要解读，放入历史脉络（经重构后的脉络）中，才能视为证据。同一文献，或一砖一木等物质性材料，不同的人就会有不同的解释，因而也显示出不同的证据力。

其次，历史既已消逝，则今人之说历史如何如何，说的其实就都是今人对过去的理解与认识。换言之，客观的那个历史非但只存在于那个过去的时空，亦非今人所能把握；凡今人所讲的历史，都是当下人对过去的思维、想象、解释。克罗齐所谓“一切历史都是当代史”，或科林伍德所说“一切历史都是思想史”，就是这个意思。

就这个意义来说，客观历史不可求，求也无意义。

兰克以后，批判的历史哲学，经李凯尔特（Heinrich Rickert）、韦伯（Max Weber）、齐美尔（G. Simmel）、胡塞尔（Edmund Husserl）、海德格尔（Martin Hei- degger）、雅斯贝斯（Karl Jaspers）、伽达玛（Haus Georg Gradagger）及法兰克福学派之推动，在德国颇有发展。在法国则有萨特（Jean-Paul Satre）、雷蒙·阿宏（Raymond Aron）、里科（Paul Ricoeur）等人之提倡，亦早已蔚为巨流。不但没有人相信史实可以重建，更直指史家号称可以“排除自我主观”只是虚妄。历史事实和材料本身不会说话，必须靠人去解释它。正因为如此，所以历史学不同于科学，或者说它不同于自然科学，而应该是精神科学或人文科学或什么。

这些讨论，非陈寅恪那一代人所能知，他们也没有想过这些问题。因此，以现在的历史认识来说，或许陈先生的考证，并不只是在枝节上或方法上出现了我上文所指出的各种错误或疑难，更是令人惋惜其空掷气力，为了一个虚诞不可达成的理想，透过语文考证，编织了许多“戏论”。

这些戏论，若以现今历史叙述学派之见观之，固然皆可视为陈先生自己对历史的叙述，在讲一个他自己编造的故事，自抒其情（晚年陈先生的史考，尤可以由此一角度去把握），因而别具意义。但从陈先生初返国倡行科学实证考史之风，后又随傅斯年创办中研院史语所的角度看，便是从根本上整体地出了问题，令人深感遗憾。

林语堂：轻逸的土地性

一、矛盾的林语堂

林语堂是中国现代文学史上“最不容易写的一章”！林语堂办《论语》时期的伙伴徐讦在《追思林语堂先生》一文中曾发出这样的感慨。

在国际文坛上，林语堂知名度甚高，曾被美国文化界列为“20世纪智慧人物”之一。1975年国际笔会第四十一届大会，还当选为总会副会长。长篇小说《京华烟云》曾被提名为诺贝尔文学奖的候选作品。

1989年2月10日，美国总统布什对国会两院联席会谈到他访问中国的准备工作时，说他读了林语堂的作品，感到林说的虽是数十年前的情形，但他的话今天对每一个美国人都仍受用。这说明林语堂至今还影响着美国人的“中国观”。

林语堂享年八十一岁，离开中国以后的那四十年，才是他创作上的大丰收时期，出版小说、传记、散文、译文、论著等三四十种。范围既广，每一部作品，又常有七八种版本。其中以《生活的艺术》最为畅销，1937 年发行以来，在美国已出到四十版以上，英、法、德、意、丹麦、瑞典、西班牙、葡萄牙、荷兰等国的版本同样畅销，历四五十年而不衰。1983 年仍被西德 Europe Bildungogem 读书会选为特别推荐书。1986 年，巴西、丹麦、意大利都重新出版过。瑞典、德国直到 1987 年和 1988 年仍在再版。

林语堂在国内的评价则是先衰后荣。自从 1932 年《论语》创刊，造成了“轰的一声，天下无不幽默和小品”的局面以后，以鲁迅为代表的左翼作家不断撰文批判林语堂及论语派。胡风的《林语堂论》，鲁迅的《从讽刺到幽默》《从幽默到正经》《二丑艺术》《论语一年》《小品文的危机》《骂杀与捧杀》《病后杂谈》《隐士》《论俗人应避雅人》《招贴即扯》《“题未定”草（1 至 3）》《逃名》《杂谈小品文》等文，和周木斋的《小品文杂说》、聂绀弩的《我对于小品文的意见》、洪为法的《我对于小品文的偏见》等，都是批林的。

只不过，鲁迅虽然从文化斗争视角批评林语堂，但并不否定作家林语堂，在答复斯诺提问“谁是最优秀的杂文作家”时即说：“周作人、林语堂、周树人（鲁迅）、陈独秀、梁启超。”（《鲁迅同斯诺谈话整理稿》，见《新文学史料》1987 年第 3 期）

“文化大革命”以后，拨乱反正，上海书店从 1983 年开始，先后影印出版了《剪拂集》《大荒集》《我的话》等散文集、《京华烟云》《红牡丹》《赖柏英》等小说，成为出版林语堂著作最多的一家。其他出版社也先后出版过林语堂的小说、传记、论著。其中大部分都根据林语堂自己编辑的版本或台湾的译本，唯有浙江文艺出版社 1988 年出版的《中国人》，是郝志东和沈益洪两位青年学者根据英文原著 *My Country and My People* 重译的。

另外，90 万字的《林语堂选集（上、下）》和 40 万字的《林语堂代表作》先后问世，使无暇阅读林语堂全部著作的读者，有了可选择的选本。再则，《林语堂论中西文化》《林语堂散文选》也是各有特色的专题选本。

林语堂评价之荣枯盛衰，固然可以说是“今是而昨非”，但也显示了林语堂评价的困难。一位评价困难的作家，往往是因为他太复杂，故难以评说。

对这一点，林语堂本人知之甚详，故在《八十自叙》中开宗明义第一章便是“一捆矛盾”：他自称异教徒，骨子里却是基督教友。献身文学，却老是遗憾大学一年级没有进科学院。他爱中国，批评中国却比任何中国人来得坦白和诚实。他一向不喜欢法西斯主义者和共产主义者，主张中国的理想流浪汉是最有尊严的人，也是最能抗拒独裁领袖的极端个人主义者。他仰慕西方，但是看不起西方的教育心理学家。曾自称为“现实的理想家”和“热心肠的讽世者”。他喜古怪的作家和幻想万妙的作家，也喜欢现实的常识。欣赏文学、漂亮的村姑、地质学、核子、音乐、电子、电刮胡刀和各种科学的小器具，常浇泥巴，用蜡烛在玻璃上滴出五彩的风景和人像来消遣。

这样一捆矛盾的作家，我们要如何探索其内心世界呢？

我这篇文章只准备就两点来分析。分析什么？一是林语堂“两脚踏东西文化”，二是他“一心评宇宙文章”。

二、西化的林语堂

“两脚踏东西文化，一心评宇宙文章”是林语堂用以自况的一副对联。

2000年时我曾主持过台北林语堂故居的维修、改造、建立纪念馆及运营诸工作，2006年以后由作家张晓风他们接手。晓风还要我写了林先生这副对联挂在门口，并做成书签。因为这两句话最能代表林先生。

确实，从20世纪30年代的《谈中西文化》《吾国吾民》，40年代的《论东西文化与心理建设》《论东西思想法之不同》，70年代的《论东西文化的幽默》……“东西文化”几成林语堂的口头禅。他甚至自诩“我的最长处是对外国人讲中国文化，而对中国人讲外国文化”（《自传》）。

林语堂对西方文化的了解，来自他的生活经历。他出生于福建漳州一个山村的基督教家庭，其父林志成既是教堂牧师又是家庭教师，以《圣经》教育儿女。林语堂小学、中学、大学读的又都是教会办的学校。大学毕业后在清华学校当了三年英文教员，1919—1923年辗转于美、法、德三国，先后进了哈佛大学、耶拿大学、莱比锡大学。这样的经历，他比一般中国人了解西方，可说是理所当然。他以此背景，向中国人介绍西方，再向西方人介绍中国，博得极高之荣誉，似乎也成功扮演了文化交流者的角色。

可是我们应注意：林语堂向中国人介绍西方文化，向西方人介绍中国文化，并不是并行或同时在做着的事，其间有一个过程。大体上乃是先介绍西，欲以改中，后来才以介绍东方文化为主。

他初返国时，为一语言学者，发言仅在语言学范围。然已与北大一派声气相合，主张文学改革了。

1923 年 9 月 12 日他在《晨报副刊》发表了《国语罗马字拼音与科学方法》。针对庄泽宣在《解决中国言文问题的几条途径》一文中反对采用罗马字制，另创拼音文字的意见，列举了十二个理由来说明二十六个罗马字母是最理想的汉语拼音字母，并赞成蔡元培主张同时改用罗马字又改革汉字的意见。

这是谈文字改革。其后则渐又由文字改革（改革汉字以成为欧化之标音体系），终于进而讨论文化改革。

1924 年底，林语堂自谓有了重要的发现。一天傍晚，他因觉得疲倦，到街上闲步，又因天气好，凉风习习，越走越有兴味，走过东单牌楼，东交民巷东口，直至哈德门外，而这时他立刻产生了“退化一千年”之感。为什么呢？因为那里已没有了亮洁的街道、精致的楼房，有的是做煤球的人、卖大缸的人、挑剃头担的人、摆摊的什么都有，相命、占卦、卖曲本的、卖旧鞋、破烂古董、铁货、铁圈的，也有卖牛筋的，还有羊肉铺的羊肉味、烧饼的味、街中灰土所带之驴屎之味。正在这时，忽然吹来了一阵风，“将一切卖牛筋、破鞋、古董、曲本及路上行人卷在一团灰土中，其土中所夹带驴屎马尿之气味布满空中，猛烈的袭人鼻孔”。

于是，他产生了一“觉悟”：“所谓老大帝国阴森沉晦之气，实不过此土气而已。”（《论土气与思想界之关系》，《语丝》1924 年 12 月 1 日第 3 期）

因而，他主张摆脱封建传统的精神桎梏，使“现在惰性充盈的中国人变成有点急性的中国人”。他的这些主张，钱玄同曾在《中山先生是“国民之敌”》一文中，称赞他启发了自己的思路。

钱玄同是他在这个时期最重要之论友，两人一唱一和，均主张欧化以救中国。钱氏曰：“要针砭民族（咱们底）卑怯的瘫痪，要清除民族淫猥的淋毒，要切开民族昏愦的痈疽，要阉割民族自大的疯狂，应该接受‘欧化的中国’。不是遗老遗少要歌诵要夸的那个中国。主张借鉴西方的先进思想文化来改造落后的国民性，使中国成为‘欧化的中国’，即具有现代文明的中国。”

林语堂看了钱玄同的文章后，激发他对改造国民性问题作进一步思考。他认为，“中国人是根本败类的民族，吾民族精神有根本改造的必要”，“中国政象之混乱，全在我老大帝国国民癖气太重所致，若惰性、若奴气、若敷衍、若安命、若中庸、若识时务、若无理想、若无热狂，皆是老大帝国国民癖气，而弟之所以信今日中国人为败类也”。他主张必须彻底改造固有的国民性，而其途径则是“唯有爽爽快快讲欧化之一法而已”，做到“非中庸”“非乐天知命”“不让主义”“不悲观”“不怕洋习气”“必谈政治”。他坚决反对“复兴古人的精神”。

钱玄同的《回语堂的信》中也说得很明白。他说：“根本败类的当然非根本改革不可。所谓根本改革者，鄙意只有一条路可通，更是先生所谓‘唯有爽爽快快讲欧化之一法而已’。我坚决地相信所谓欧化，便是全世界之现代文化，非欧人所私有，不过欧人闻道较早，比我们先走了几步。”

1927 年 6 月 13 日林语堂又在《中央副刊》80 号发表《萨天师语录》（一），亦是“借萨拉士斯脱拉的嘴，来批评东方的已经朽腐了而又不肯遽然舍弃的所谓文化”。

在这篇文章中，林语堂通过描写萨天师来到一个东方大城里所见到的景象，尖锐地揭露了所谓“东方文明”的丑陋。萨天师先是看见满街充斥着病态的市民：乞丐、穷民、醉汉、书生、奶奶、太太、佝偻的老妪、赤膊的小孩、汗流浃背的清道夫、吁吁喘气的拉车者、号叫似狂的卖报者、割舌吞剑的打拳者、沿途坐泣的流民、铁链系身的囚犯、荷枪木立的巡警。接着，萨天师又看见一个病态的“少奶奶”：穿着大红衣衫，脸色僵白，一嘴的金牙齿，只会发出“嘻嘻！嘿嘿！”的怪声，板面、无胸、无臀、无趾。于是，萨天师明白了“这就是他未见而已想见的东方文明，这妇人就是文明之神”。

同时，林语堂还通过描写萨天师心目中的一位健康、美丽、自然的“村女”形象，表现了他对新的文明的向往。

此时林语堂所见之中国形相，不过如此而已。即以其最崇敬之孔子言之，亦不过一世故之老先生而已。

林语堂在《子见南子》一剧中所刻画的孔子，便是一个“活活泼泼的世故先生和老练官僚”形象。1929 年 6 月 8 日在山东省立第二师范学校师生游艺会上演出林语堂这一剧作后，则引起一场莫大的风波。孔传堉等曲阜孔氏六十户族人以该剧“侮辱孔子”的罪名，联名控告该校校长宋还吾，呈请教育部严加查办。

1925 年，他又针对当时流行的“反对文化侵略”主张，撰写《谈文化侵略》一文，指出“无论耶教与孔教，流布东西，同是民族衰靡民志薄弱之表现，本无尊此抑彼之必要”，“思想上的排外，无论如何是不足为训的”，“而思想上及一切美术文学上，要固陋自封，走进牛角里的人将来结果也只是沉沦下去”。

在《机器与精神》的讲演中，他又着重讲了这样五个基本看法：

（一）那些“暗中要拿东方文明与西方文明相抵抗”的“忠臣义子”，并非真的“爱国”，而是“对于自己与他人的文明，没有彻底的认识，反以保守为爱国，改进为媚外”。因而这绝不是我国将来之“幸”。

（二）所谓西方文明并不只是“物质文明”，东方文明也不只是“精神文明”，而是东西方文明都有物质与精神两个方面。而且东西方文明“物质”与“精神”各有“美丑”和“长短”。但从总的来看，西方的“机器文明”比东方的“手艺文明”进步，西方的政治体制、科学哲学、文学和道德也比中国所固有的一套旧东西进步得多。

（三）西方的“机器文明”是西方人“精益求精”的精神产物。他们具有勇于改进的精神，物质上便能不断发达。我们如果还要一味保存东方“精神文明”，便是把《大学》《中庸》念得熟烂，“汽车还是自己制造不出来，除了买西洋汽车没有办法”。而且，“若再不闭门思过，痛改前非，发愤自强，去学一点能演化出物质文明来的西洋人精神，将来的世界恐怕还是掌握在机器文明的洋鬼子的手中”。

（四）“今日中国，必有物质文明，然后才能讲到精神文明”，“大家衣食财产尚不能保存，精神文明是无从顾到的”。日本因为物质发达了，因而有钱来保存古籍、翻印古书、建立大规模的图书馆博物院，大学教授也才能专心去研究专门学术。可是，中国的大学教授，连买米的钱都常常发生问题，哪里能去读书和潜心研究学问呢？

（五）中国必须向西方学习，向日本人学习，只有洗心革面，彻底欢迎西方的物质文明，才不会继续老态龙钟下去。

三、回归中国的林语堂

以上为林语堂当时之东西文化观。但此一观念在他办《论语》之后便逐渐改变。

林氏办《论语》时，已开始提倡幽默。其提倡幽默，本意亦是为了改革国民性。他说：幽默是西方文化之一部，西洋现代散文之技巧，亦系西方文学之一部。文学之外，尚有哲学、经济、社会，我没有办法，你们去提倡吧。现代文化生活是极丰富的。倘使我提倡幽默、提倡小品，而竟出意外，提倡有效，又竟出意外，在中国哼哼唧唧及杭唷杭唷派之文学外，又加一幽默派、小品派，而间接增加中国文化内容体裁或格调上之丰富，甚至增加中国人心灵生活上之丰富，使接近西方文化。（林语堂《方巾气研究》，《申报·自由谈》1924 年 4 月 28 日）

但舶来品输入之余，不免仍要由中国找出幽默文化之传统，才能免除抗拒心态。

因为探讨中国幽默文化的传统，或追问中国传统文化有没有幽默，这是从未有人涉足的问题。而且当时有人认为中国没有幽默、中国民族不擅长幽默。但林语堂却认为幽默本是人生的一部分，一个国家的文化发展到相当程度时一定会出现幽默的文学。因而，他不相信只是西方文化有幽默，而且理出了一条较清晰的中国幽默发展线索。他指出：《诗经》中的某些诗篇就“含有幽默的气味”，失意之时的孔子也有幽默感，庄子更可称为中国的幽默始祖，道家是幽默派、超脱派，道家文学是幽默文学，有些文人偶尔戏作的滑稽文章不过是游戏文字，但性灵派的著作中有幽默感。

此即是由中国文化中之“非正统”“旁支”来重新建立一个中国幽默文化之新传统。而亦因此，他找到了明末的性灵派。

林语堂指出：“文章者，个人性灵之表现”，性灵就是自我，“一人有一人之个性，以此个性（Personality）无拘无碍自由自在之文学，便叫性灵”。其实，所谓性灵，本是我国古代文论中的一个概念。

其美学渊源可追溯到强调人格独立和精神自发展，形成了“独抒性灵，不拘格套”的理论形态。

他认为，袁宗道关于性灵的某些说法，比陈独秀的革命文学论更能抓文学的中心问题而做新文学的指南针。他也赞同周作人在《近代文学之源流》中将我国现代散文溯源于明末公安、竟陵派，把郑板桥、李笠翁、金圣叹、金农和袁枚等人视为散文祖宗的说法，认为“以现代散文为继性灵派之遗绪，是恰当不过的话”。

此时林语堂对中国文化其实便已有了新的认识：中国文化不会只是坏的，其中亦有好的。现代性不只可求于西洋，更可求之于公安派。

此时恰好有一新机缘，促使其创作《吾国与吾民》。此一机缘乃缘于赛珍珠。

赛珍珠于1931年在美出版《大地》，江亢虎曾发表文章非议它，“谓中国农民生活不尽如此，且书中所写系中国‘下流’（Low-bred）百姓，不足以代表华族！”而林语堂却于1933年9月1日《论语》第24期上发表《白克夫人之伟大》一文，对赛珍珠及其《大地》作了很高的评价。他认为，赛珍珠“在美国已为中国最有力的宣传者。……其小说《福地》在美国文坛上，已博得最高称誉，并获得1932年Pulit Zer——年间最好小说之荣奖。其在宣传上大功，为使美国人打破一向对于华人的谬见，而开始明白华人亦系可以了解同情的同类，在人生途上，共尝悲欢离合之滋味”。同时，他还称赞赛珍珠在《大地》中表现出来的见识有别于“高等华人”的谬见，表现了“中国民族之伟大，正在高等华人所引为耻之勤苦耐劳”，主人公“勤苦耐劳，流离失所，而在经济压迫战乱频仍之下，仍透露其强健本质，写来可歌可泣，生动感人”。

1933 年 10 月一个晚上，赛珍珠到中国后去林语堂家里吃饭。在席间，他们谈论以中国题材写作的外国作家。突然，林语堂说：“我倒很想写一本书，说一说我对我国的实感。”赛珍珠听后，立即十分热忱地答道：“你大可以做得。”经过这次交谈后，林语堂便决定写作《吾国与吾民》一书（赛珍珠则于 1938 年获诺贝尔奖）。

林语堂乃从 1933 年冬着手写作《吾国与吾民》，至 1934 年七、八月在庐山避暑时全部完成，历经约十个月。此书对东西文化仍不免依违于其间，所批评者为中国之国民性；所称扬者，为中国之性灵文学及审美态度。

例如他在书中说，“中华民族是天生的堂堂大族……虽在政治上他们有时不免于屈辱，但是文化上他们是广大的人类文明的中心，实为不辩自明之事实”，“中国人之心灵不可谓为缺乏创造力”，“久已熟习于文学之探讨”，“而诗的培养尤足训练他们养成优越的文学表现技巧和审美能力。中国的绘画已达到西洋所未逮的艺术程度，书法则沿着独自的路径而徐进，达到吾所信为韵律美上变化精工之最高程度”。本书批评中国国民性，推崇中国之文学与审美能力可见一斑。

继《吾国与吾民》之后，接着写的《生活的艺术》等等，因他人在国外，遂越来越偏重于向西方人介绍中国文化，对中国文化越来越多好评，则是大家都知道的事，我就不多说了。

四、文学的林语堂

但林语堂“脚踏东西方文化”似乎还不只应如此了解，我觉得他其实还在做综合东西文化的工作。他怎么综合呢？

在林语堂开始认真思考文学问题的时候，首先闯入脑海的自然是当年哈佛大学的老师们。他在哈佛读书时，古典派的白璧德（Babbitt）与浪漫派的斯宾加恩（Spingarn）之间正发生严重的文学论争。斯宾加恩颇为推崇克罗齐，认为克罗齐“艺术即表现直觉”的美学理论，在十个方面革新了传统的文艺理论体系，引起了林语堂的极大兴趣。林语堂说：“大概一派思想到了成熟时期，就有许多不约而同的新说，同时兴起，我认为最能代表此种革新的哲学思潮的，应该推意大利美学教授克罗齐氏（Benedetto croce）的学说。他认为世界一切美术，都是表现，而表现能力，为一切美术的标准。”

1929 年 10 月，林语堂翻译了克罗齐《美学：表现的科学》中的二十四节。这虽仅占全书七分之一，但接着，林语堂又为自己辑译的《新的文评》一书作序，比较系统地表述了自己的文艺思想，其主要框架也是克罗齐的“表现说”。而《新的文评》的辑译，更使林语堂得以进一步了解克罗齐表现主义美学体系，并确信：“现在中国文学界用得着的，只是解放的文评，是表现主义的批评，是 Croce、Spingarn、Brooks 所认识的推翻评律的批评。”而所谓推翻评律不外是为了建立新的评律，林语堂建立的批评标准则是“表现就是一切”，“除表现本性之成功无所谓美；除表现本性之失败无所谓恶”。

为什么他认为当时中国就应该采用这种批评标准或文艺观呢？

当时，左翼作家正突出强调文艺的政治功能，自觉地为无产阶级革命服务。故林语堂对此非常反感，讥之为方巾气十足的“新道学”，曰：“吾人不幸，一承理学道统之遗毒，再中文学即宣传之遗毒。说者必欲剥夺文学之闲情逸致，使文学成为政治之附庸而后称快。凡有写作，猪肉熏人，方巾作祟，开口主义，闭口立场，令人坐卧不安，举措皆非。”换句话说，钱杏邨所推崇的“打硬仗主义”，林语堂根本就反对，觉得那是走歪了路，所以提倡表现说，来跟它们打硬仗。

林语堂打硬仗的对象不只有鲁迅及左翼一派，当时有以鲁迅为首的左翼作家主张学习苏俄革命文学，也有梁实秋主张效法欧美古典派文学，林语堂则主张以欧美浪漫派文学为师。梁实秋除自己作文论争外，还将《学衡》派翻译的白璧德的五篇论文结集出版。对白璧德在文学领域的反过激、反浪漫、提倡守法则合规律与中和平正，大为推扬。林语堂则延续了从前白璧德与斯宾加恩的对立，也同样反对梁实秋。

但此时林语堂之表现，仍不过只是西方理论之服膺者而已，他和梁实秋之不同，亦只是哈佛校园学术论争的中国翻版而已。要待周作人推举袁中郎之后，林语堂这才恍然大悟。袁中郎的性灵说恰好符合林语堂刚建立的批评标准，于是“近来识得袁宏道，喜从中来乱狂呼。……从此境界又一新，行文把笔更自如”(《四十自叙诗》)。认为这是最丰富最精彩的文学理论，最能见到文学创作的中心问题，又证之以西方表现派文评，真如异曲同工，不觉惊喜。喜的不仅仅是找到一个知己的作家，一个同调的先贤，可于冥冥之中进行感情交流，且由袁中郎而下及金圣叹、李笠翁、袁子才，上溯苏东坡、陶渊明，直至庄子，林语堂终于找到一批他心中的中国表现派作家和批评家。林语堂艺术思想的四个支点，即非功利、幽默、性灵与闲适，是由道家文化将它们汇为一体的。就这样，借助于克罗齐表现主义美学体系，将一批中国古代“浪漫派或准浪漫派”作家统领在道家的旗帜之下，林语堂终于建立了他东西美学综合的路向。

五、用东西文化注解自己的林语堂

林语堂的融会中西之道，大抵如此。但如此是否即真能融合呢？恐怕其中颇有些问题。

林语堂在发挥“艺术即表现”时，着重强调艺术只是作家个性的表现与主观情感的抒发，而非功利活动或道德活动，不应该分类，也不可能有一成不变的规矩。他说：“只问他对于自身所要表现的目的达否，其余尽与艺术之了解无关。艺术只是在某时某地某作家具某种艺术宗旨的一种心境的表现。——不但文章如此，图画、雕刻、音乐，甚至于一言一笑、一举一动、一唧—哼、一啐一呸、一度秋波、一弯锁眉，都是一种表现。这种随时随地随人不同的、活的、有个性的表现，叫我们如何拿什么规矩准绳来给他衡量？”这样，林语堂确实把表现派的精髓表现出来了。可是，他在引申“表现即艺术”时，强调的是现实生活中的任何心灵的表现都是艺术活动、人人都是艺术家、时时刻刻都在创造艺术。这就距人们一般认知太远了。现实生活中，非人人都是艺术家、非任何表现都是艺术，是人人都知道的事。

其次，林语堂虽是我国最早引介克罗齐学说的人（其时间略与朱光潜相当），又对克罗齐学说如此推崇，可是他对克罗齐的理解其实是错的。

怎么说呢？克罗齐的讲法是康德与黑格尔的发展（这就可看出差异了吧！康德与黑格尔，跟袁中郎、金圣叹差得多远啊）。他认为：心灵活动不外两度：知与行（知解与实用）。这两度又各分两度：知分为直觉（个别事物形象的知）与概念（诸事物关系的知）；行分为经济的活动（目的在求个别的利益）和道德的活动（目的在求普遍的利益）。因此，心灵共分“四阶段”，并沿四阶段发展。四阶段彼此相对，有固定不可移的关系与逻辑次第。第一阶段是直觉（即艺术），是知解的第一度。第二阶段是概念，概念是综合许多个别事物在一起想，看出它们的关系，所以按理必后于个别事物的知识（直觉）。直觉先于概念，这就意味着，艺术先于哲学。行的两阶段也有这两度的关系。我们可以只管个别的利益而不管普遍的利益，这就是第三阶段纯经济的活动；但是如果顾到普遍的利益，

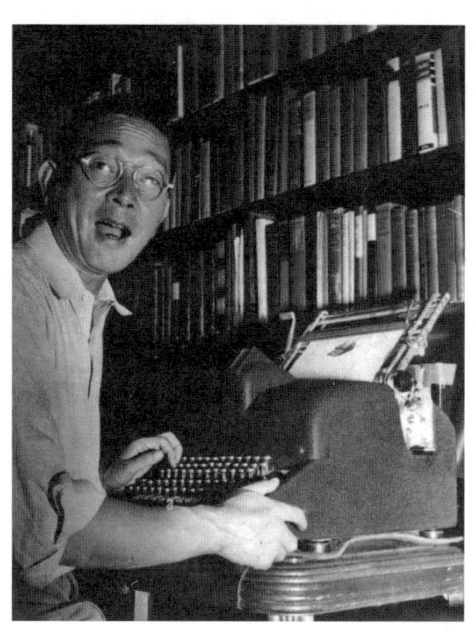

就必同时顾到个别的利益。因为普遍的必包含个别的，这就是第四阶段——最高阶段——道德的活动。这直觉、概念、经济、道德，各相对应于美、真、利益、善四种价值。

在知识的部分，一切知识都以直觉为基础。直觉就是想象或意象的构成，比如说“这是桌子”，这已经是判断，把“这”纳到“桌子”这个概念中去想，肯定“这”与“桌子”的关系，说明“这”的意义。所以这判断所表现的知识已经是逻辑的、理性的。但是在作这判断以前，我们于理必须经过一个阶段，把“桌子”的形状悬在心眼前观照，眼中只有那形状的一幅图画，如镜中现影。这种个别的事物的形象之知，就是直觉。

但是直觉不是被动的接受，而是主动的创造。主动者是心灵，被动者是物质。这物质是一些由实用活动产生的感触。触动感官，如印泥似地刻下一些无形式的印象，若其无形式，心灵就不能领会它、知解它；心灵要知解它，必本其固有的理性，对它加以组织综合，使它具有形式，由混浊的感触，逐渐形成为心灵之可观照对象。

据此观之，克罗齐之说，有几个重点：（1）直觉及美，均属于知识领域，非实用领域，故与经济、道德各有领域、各有功能，不应相混。（2）直觉与概念推理也不一样，故艺术不应以概念推理之知为之。（3）直觉的“表现”，非心中情感意念之抒情表达，乃是以人所具有的理性能力，将外物形象赋予形式。物质有了形式，就是直觉，也就是表现。

这是理性论底下发展出来的讲法，跟中国人一般依字面理解的“直觉”和“表现”实在南辕北辙。林语堂把它误以为是“把内在心意表现出来”，也可说只是望文生义罢了。他英文虽好，却不能真正摸熟西方哲学之内在脉络，亦非克罗齐之知音。

也就是说，林语堂的东西综合，是一种“赋诗断章，惟取所用”，依自己需求及性气所做的综合。可以表现他个人的人生观、文学观、生命态度，但若从是否真正抓住了东西方文化的真相上看，却大可商榷。他向我们介绍的克罗齐并非真正的克罗齐，同理，他向西方人介绍的苏东坡、袁中郎，当然也不是真正的苏东坡、袁中郎（我另有长文批评他的袁中郎观）。

故而“脚踏东西文化”云云，反而不应从介绍、交流或融合这些方面去说，脚踏这个形象，即颇有把自己凌驾在东西两大文明之上的意味，纵不说是玩侮之，也可说并未显示什么敬意。东西文化在他脚下或手上，似乎只能说是“六经注我”，非林语堂在表述东西文化，而是借东西方文化来表述他自己。

六、“人”的林语堂

以上是讨论他“两脚踏东西文化”的问题，以下略说他“一心评宇宙文章”的宇宙是什么意思。为何不说评世界文章，而要说是评宇宙文章呢？我以为此处大可玩味。

20 世纪 30 年代林语堂有时自称异教徒，有时自称无政府主义者，或道家。二十年回顾，他又声称当年信仰的唯一宗教乃是人文主义。1936 年移居国外后，林语堂一直在寻信仰，1939 年在《我的信仰》中，林语堂认为孔子、摩西都不太适合现代社会，倒是老子那种广义的神秘主义更有魅力。五十年后又不满足道家信仰，批评它那回复自然和拒绝进步的本质对于解决现代人的问题不会有什么贡献，主张从人文主义回到基督信仰，到了逝世那一年在《八十自叙》中又说“他以道家老庄门徒自许”，一会儿又说“他把自己描写成为一个异教徒，其实他内心里却是个基督徒”。因此，整体说来，确是一团混乱和矛盾。

在矛盾中，有人认为林语堂主要是要以道家文化拯救世界：“中国现代史上，着眼于东西文化综合，努力于以东方文化拯救人类，在西方产生一定影响的‘东方哲人’，一是以儒家救世界的辜鸿铭，一是以佛教救世界的梁漱溟，再就是这以道家救世界的林语堂。”

林语堂热爱道家哲学，这是无庸置疑的。不但有他翻译的《老子》可证，他的小说，许多人也认为是旨在宣扬道家思想。例如：《京华烟云》以道家哲学为脉络，借道家女儿姚木兰的半生经历为主线，描写了姚、曹、牛三大家族的兴衰史和三代人的悲欢离合，同时也展示了中国广大社会人生，在风云变幻的时代背景下，在不同文化、不同阶级的种种人生对比中，揭示了“道家总是比儒家胸襟还开通”，体现了作者要在传统文化中去发现自己，认识自己，寻求理想人生、理想自我的愿望。作者明确宣称，要以庄子哲学来认识历史、观察社会、体验人生，因而，道家女儿姚木兰的形象即成为作者理想的自我：“若为女儿身，必做木兰也！”

小说在赞扬道家重自然、符合个性解放的时代要求的同时，则对儒家思想束缚和压抑人性进行了批判，表现出反传统的人生态度。姚太太及曹家的人都是在传统的伦理道德影响下，人性受到束缚和压抑的形象。古典美人曼娘是人性被严重束缚和压抑的典型。曼娘这形象的塑造，就是作者对传统儒家文化压抑人性情感的控诉和批判。

但林语堂的认识可能不太可靠。他说，老子思想的中心大旨当然是“道”。老子道是一切现象背后活动的大原理……道是沉默的，弥漫一切的。“道是不可见的，不可用的，且不可触摸的”。故有时，林语堂干脆把“道”与“上帝主宰”等同起来说：“道教提倡一种对那虚幻、无名、不可捉摸而却无所不在的‘道’的崇敬，而这‘道’就是天地主宰。它的法则神秘地和必然地管辖着宇宙。”林语堂不去深究“道”与“上帝”“主宰”的区别，而对其关联倍感兴趣，且凭直感把“道”与“主宰”看成是二而一的东西，这真是对道的大误解。

他对儒家的理解也是如此。且不说他对儒家“礼教”与“中庸”有诸多误会，他解释孔子之畏天知命，也颇为错误。他说：“孔子信天和天命。他说自己五十岁的时候已知天命，且说‘君子居易以俟命’。上帝或天，如孔子所了解，是严格独一的神。”但孔子所说的天怎会是独一的神呢？这就可见他是用基督教的上帝观在解释儒家的天、天命和道家的道。

以这个立场看事情，无怪乎他要反对佛教了。可是他却赞同除了佛教以外的印度文化，认为印度文化具有高度的创造力，产生了丰富而奇特的哲学和文学。更重要者，林语堂认为“上帝”是印度哲学的核心，“印度哲学和上帝的知识，正像中国哲学和道德问题一样不可分离”。这真不知何所见而云然。

由此等处看，林语堂宗教思想之混乱甚为明显。但那是因为他把许多东西都率意牵合在一起，而非一般论者所理解的：忽左忽右、忽反基督忽不反基督。

而这样的混乱，也可以叫做不混乱。因为从各教教义来说，固是混乱；在林语堂自己，却有一个条理。例如他以一个上帝观去看道、天、命、梵天，而觉得它们都是同一物事，这在他自己的身心信仰上，便消去了各个宗教“教相”上的差异冲突，在他内部自我统合了，因此也并不成为矛盾或混乱。

也由于如此，故他也很难说就是个以道家思想为宗的人。其所谓道，大抵只如上帝般；其所谓道家式生活，则无非闲适乐天而已。

说明这一点，非是要拆林先生的台，乃是要用来分析林语堂“一心评宇宙文章”的宇宙意识到底是怎么回事。

林先生在许多地方都强调他是人文主义者，包括其上帝观也仍有浓郁的人性色彩。在基督教徒看来，上帝是远离世俗的，而林语堂则“深信上帝也同样近情与明鉴”。与虔诚的基督徒立足来世不同，林语堂立足人间、否定来世，认为上帝是为人类幸福而存在，而不是相反的。可是，这样一个人，为什么会对上帝如此感兴趣，把老子的道、孔子的天、印度教的梵天都看成是上帝，且强调上帝观在文化中的重要性呢？

这就要注意到：林语堂其实是一个宗教感很强的作家，他会追问宇宙、人生的谜底，探询冥冥天地的主宰。在林语堂看来，茫茫世界并不是盲目无序变演着的，而是由一个“神”主宰着：“我总不能设想一个无神的世界。我只是觉得如果上帝不存在，整个宇宙将至彻底崩溃，而特别是人类的生命。”

这种宗教感，自他幼年起，即非常强烈。例如他很小就对高山充满了敬畏，他说：“我们那儿，山令人敬、令人怕、令人感动，能够诱惑人。峰外有峰，重重叠叠，神秘难测，庞大之至，简直无法捉摸。”“你若生在山里，山就会改变你的看法，山就好像进入你的血液一样……山的力量巨大得不可抵抗。”又说：“生长在高山，怎能看得起城市中的高楼大厦？如纽约的摩天大楼，说他‘摩天’才是不知天高地厚，哪里配得上？……要明察人类的渺小，须先看宇宙的壮观。”

这就是宇宙意识。由山，兴起对整个宇宙无垠、博大、神秘、幽远之敬畏。

这种敬畏之情及宇宙意识，后来具体化为基督教的上帝，那是因他家庭因素的影响。林语堂出身于基督文化极为浓郁的家庭，父亲是牧师，母亲是虔诚的基督徒，他们全家都信教。林语堂说：“晚上我们轮流读《圣经》，转过头来，跪在凳子上祈祷。”当然，基督教对林语堂最大的影响还是上帝观念，林语堂说在少年，“当我祈祷之时，我常想象上帝必在我的顶上逼近头发即如其远在天上一般，盖以人言上帝无所不在故也”。他还认为莱布尼兹与福禄特尔两位都相信上帝说，“福禄特尔相信：就是没有上帝，也得假设一个上帝出来”。林语堂谈到他与汤恩比的会面时，因汤恩比携带了“中古时代圣奥古斯丁的《上帝之城》及巴斯葛的《思想录》（*Biaise Pascal's Pensees*）二书，这使我异常兴奋”，又说“汤恩比的宗教感甚深，书中到处都是。……他的看法，略与庄生之‘必有真宰’（《齐物论》）、‘以天为父’‘与天为徒’不‘与人为徒’（《大宗师》）之境界差不多”。整个基督教文化，尤其它的上帝思想就成了林语堂宇宙意识及宗教感情的主要内容。即使后来在科学主义影响下，林语堂“已失去对信仰的确信，但仍固执地抓住对上帝父性的信仰”。暮年归宿，则仍回归于基督怀抱。

可是信基督或讲上帝，其实只是他宇宙意识的一种凭托。一个具有宇宙意识的人，可能生长在佛教地区、基督教地区、道家思想流行地区，生长何处，即可能依其缘触，举该宗教所提示之超越境界而纳之己怀，以满足他宇宙意识之需求。

可是这些宗教并不就等于宇宙意识，它们只是宇宙意识的一种或一类。一个具有宇宙意识的人，不只是个信教的人，他会超越一个个具体的宗教学说，去寻找能满足其宇宙意识之物。林语堂在信基督上帝之后，又去发现庄子的“若有真宰”“与天为徒”、老子的“道”及孔子的“天”“命”“帝”，就是这个道理。

1961 年林语堂在美国国会图书馆的演讲，以《五四以来的中国文学》为题。他说：“开宗明义，我要说在前头，文学永远是个人的创造。我们总结一个时代，谈到这一时代的精神，事实上我们只能以几个杰出的作家作为例子，由这些个人中看出时代的精神。要做作家，就必须能整个人对时代起反应。作家和学者不同，学者也会写文章，作家有时候也从事学术研究。但我们在这里只讨论作家。因为，钻牛角尖的学者的作品，和《通书》没什么不同，难以看出个人心灵的活动，他所寻求的只是事实，不渗入个人的意见。而作家却全然不同，他个人的情感、爱憎、意见、偏见都会从笔尖溜出。归根到底，一个时代的文学，只是一群个人，各自对人生和时代发生反应。”

这是他文学观最简要的自述，但由此即不难看出他与五四以来的文学及文化环境有多么大的差异，只要翻开我们现在坊间流通的各色文学史，有哪几本不是跟他相反的：由一个时代精神来看作家？五四以来，救亡图存的意识笼罩全局，社会现实观点压倒了个人表现，因此谈起文学，总是大时代大背景，再把作家个人放入这个时代社会中去分析，不是由一些个人来看出时代。

林语堂心灵世界最特别的意义就在这儿。徐讦说他是五四以来最不容易描述的作家，确实。因为他一方面表现了五四以来人物的矛盾，一方面又跟五四的精神背反。

林语堂无疑是五四以来人物的代表，不但早期与鲁迅、钱玄同等在改造国民性、提倡欧化方面并肩作战，他本身也最足以代表那个时代及其人物的错综矛盾。例如既有科学主义倾向，又具文人性气；既呼吁救国，要改造国民性，又强烈表现着自己的个性；既是学者，又是文人；既醉心现代西方文明，骨子里又与中国文化缠绵悱恻。五四人物如胡适、鲁迅、钱玄同、周作人等等，你细思，就会发现几乎都是如此，但无人如林语堂般全面地表现出这样的矛盾，因此他可说是五四人物最典型的代表。

但林语堂复杂之处，就在于他其实又颇与五四精神背反。例如五四是个世俗化的文化运动，反贵族文学、山林文学，反对文言文，反对宗教迷信，林语堂则具有超越精神。五四强调知识分子的国家社会使命，林语堂则表现文人态度，讲闲适生活，而且是一种中国古代文人生活方式及审美态度的回归。这些都与五四精神格格不入。

而像林语堂这样的心灵状态，在20世纪末反而越来越受重视，除了“文化大革命”以后拨乱反正，重新出土旧文物、旧人物，有“折戟沉沙铁未销，自将磨洗认前朝”之意味以外，可能也是因中国在反省现代化之际，林语堂所显示的生活态度和超越精神，反而可以令人别有感会吧。就像他的著作在西方如此畅销，是因西方在现代社会发展到某种地步后，读林语堂所揭示的中国古人生活审美状况，而会感到那才是一个“人”的生活呀！属今之世，在中国言林语堂之心灵世界，其意义应复在此。

怀念钱穆

钱穆先生，字宾四，1990年8月30日过世。那天，因有台风来袭，我停课休假在家。忽接《中国时报》人间副刊版编辑焦桐兄电话，说报社要改版发消息，请立刻赶出一篇悼念文章来，现在就派人去取。乃匆匆草成此篇交差。后来的一些报道与评论，大抵即以此为基调。

我与钱先生不算太亲近，但他最后一堂课，《联合报》的评论是我写的；现在这篇，综述生平，也算是为他在文字上做了点服务。后来勘查素书楼、推动改造、委托经营，则是另一种服务。如今，虽先生风德日隆，值其忌日，想起那个台风天，仍是感触良多。

在台风来袭的惊恐中，获闻钱宾四先生下世的凶耗，震悼之情，实难言表。

钱先生治学，在我们这样的时代中，一直是个传奇。早先，他

与王云五先生一样，为“自修成名”的典型。因为钱先生的正式学历，只不过是常州府中学堂的肄业生。未毕业便去教小学、教中学。然后以一中学教员，受聘为北平燕京、北京大学教席。其后浪迹南北，凡教书七十余年，著述亦七十余年。晚近报章或称之为“国学大师”。国学二字，含义不甚确定；但大师的称谓，想来是当之无愧了。民国以来的学术史上，能有先生撑撑场面，总算还不太寒碜。

先生的成名作，肇于《先秦诸子系年》。而奠立其学术规模者，应推《国史大纲》。晚期致力于朱子学较勤，自《朱子新学案》以后，多就理学申述历史文化要义，期于警世振俗。先后所著书数十种，几千万言，精勤浩博。现在的学者，根本不能望其项背。

这在某种程度上说，是由于钱先生天资过人。例如他注《公孙龙子》只花了七天，写《庄子纂笺》也只费了两个月，这都不是普通人能办到的事。钱先生给人的印象是苦学成名，他也从不炫耀自己的才华，其实如此捷才，可谓并世无两。

从纯学术立场说，钱先生的《先秦诸子系年》至今仍是讨论春秋战国史的最主要参考书。《国史大纲》则仍为最有价值的通史，对近数十年来国史专业研究具有典范意义，益人神思，启沃后学最大。《近三百年学术史》更是先生深辟的学域，继黄梨洲、全谢山之后，可谓无愧于先贤。许多资料与论题，也都是他发掘出来的。《朱子新学案》体大思精，亦为治宋明理学者所必备。除这几部大书之外，别有属于古地理、古代经学史考证的书如《史记地理考》等等。未勒成专书者，则辑为《中国学术思想史论丛》八大册。这些书，要说是今日治中国文史之学的重要参考资料，恐怕并不正确；比较恰当的说法是：不通读钱先生的书，根本就不可能进行对中国历史文化的研究。

但钱先生的渊博，不只是天资超卓，恐怕代表了一个时代的风气。也就是说，在钱先生那个时代，某些人做学问，是以整个人投浸在整体历史文化关怀之中，对文化问题做总体的掌握。而非以学问为客观的材料，并以学科来限制自己。所以他不同于现代学术规格中某一科门的专家，其论述也不求符合学术市场上的规格。他以他雄浑的生命力以及对历史文化的热切关怀，随时可以对文化上任何一个问题深入钻研，热烈发言；但又不能以某事某问题囿限住他，因为他所关切的乃是整个文化的生命与出路。这样的人物，在清末民初极多，如康有为、章太炎、梁启超，甚至胡适、熊十力等都是。为学之途不一，然对文化之整体关怀则无二致。现在的学风，不容易再培养，也不易再容许或欣赏这样的学者了。

虽然如此，钱先生的历史文化总体关怀，毕竟也有其着力点，也有他的基本方向。故他治先秦诸子，治古史、古地理、宋明理学、近三百年学术史……却不致泛滥无归。这个着力点，其实便是诸子学。

许多人认为他是个史学家。是的，论民国以来史学，无出钱先生右者。但他不是就史论史或考古证史的人，他是通过对历史的省察与讨论，来申述他从孔子、孟子、朱子那里学来的价值理想，并用这种价值来期许我们这个社会、探索中国文化的出路。

此乃钱先生苦心孤诣之所在，也是他不易为人所理解的地方，因此钱先生根本是寂寞无助的。作为史学家的钱穆，人无异辞，都承认他的地位；但论到钱先生所信仰的文化理念时，争论就多了。

钱先生初成名时，参与顾颉刚所主持的《古史辨》工作，但他对古史的态度实与顾颉刚迥异；在北大时期跟胡适、冯友兰等人治学之方法议论亦不相合：故钱先生虽属北大却又实非北大系统。后来南下香港，在港与唐君毅等合办新亚书院，情况自与北大不同。对中国历史文化的态度，他与唐先生当然是比较合契的，但在整个大环境中他们仍然十分孤独。

当时沧海横流，他们执着于文化教育，其识见之高迥，适足以造成其处境的艰难。在那个时代里，先生之孤寂应不难想见。等到新亚书院逐渐办出个规模以后，英国政府又横加干预，硬逼得钱先生离开新亚退来台湾。其中之辛酸恐怕难以尽述。而原先号称当代新儒家主要基地的新亚，人员内部也产生了分化。新儒家中，如牟宗三、徐复观、张君劢先生，都与先生凶终隙末：牟先生不同意钱先生尊朱的观点，徐先生、张先生不同意钱先生对中国政治传统较具温情的讲法。争论的结果，钱先生当然益形孤独了。

本来是风雨如晦，故嘤鸣以求友。不料在共同对抗时代的阵营里，却因策略及见解之不同而分道扬镳。在我们后学看来尚且觉得遗憾，先生本人必然更为感伤罢！

因此，从整个形势上看，钱先生虽有重名，虽勠力于文化、教育，但他本身便是时代错误的产物。他一生在对抗时代，在平衡他所认为的时代偏差。但他的主张在整个学界中却是孤独的，他治学的方法亦无嗣音。学界之外，对他更是钦其宝而莫名其器。

此一形势，钱先生不可能无所感，亦不可能没有一点伤痛。但我猜想他是不会在意的，因为“劳者自歌，非求倾听”。对钱先生而言，学习中国历史文化，谈论历史文化，即是他生命的本身。他晚年视力衰退之后，最后一本著作，名为《晚学盲言》，不就体现了这种意义吗？好学不倦，不知老之将至，且目虽盲而仍要言，这便是钱先生人格之可尊敬处。信道之笃、向学之诚以及传教之心，都是我们这一辈人所仰望的。

当然，钱先生之人格与风骨不仅表现于此。例如他不愿如高玉树先生那样占住公舍而主动搬入市尘，便显示了他对辞受之际自有分寸。

去年我赴北大，主办纪念“五四”七十周年会议，期间曾在燕南园拜望了冯友兰先生。冯先生老耄失听，视力昏茫亦如钱先生。他对我们说，甚为想念钱先生，希望能读到先生的《晚学盲言》。返台后，我们几位朋友便向钱先生报告此事，并请先生寄示新著。钱先生只说老了，题了钱穆二字，上款缺。我想钱先生大概是对冯先生信执道守的态度有所保留吧。

聊举此一事例，供世参悟。其他有关先生的道德文章，相信不会永远寂寞的。《中庸》所谓“君子之道，暗然而日彰”，中国文化如果还有未来，一定会有人重新倾听他的声音。

怀高阳

高阳（1922—1992），台湾作家，以历史小说著称，有《红顶商人胡雪岩》《慈禧全传》等作品数十部，畅销华人世界。

一、饮半寻思谁可语

某日在一餐厅用膳，忽逢高阳先生，匆匆寒暄数语。告别时，先生索纸抄诗一首，乃其壬申元日试笔诗也。有小序云："萧然独处，甑久生尘。辛未除夕，投宿凯悦饭店度岁。独饮至五鼓，思有所语，作此律，为壬申元日试笔。"诗曰：

谁何歧路亡羊泣？几辈沐猴冠带新。
不死酒仍日暮醉，余生笔兆岁朝春。

客中作客真无奈，钱上滚钱别有人。
饮半寻思谁可语，神荼郁垒两门神。

此诗值羊年将逝、猴年将至之夕，用歧路亡羊及沐猴而冠两典，神妙天成。客中作客，自喻身世，兼指新年仍宿旅舍之事。钱上滚钱，则谓当时初开放金融，新银行颇多开张者，举此喻世，两相对照。故实今典，融合为一，指事切情，无不稳贴。就诗言诗，自是佳什。

先生诗功如此，当即叹服。但此诗含寓孤苦，读之竟有恻然之感。匆匆拜收，见其癯弱，不便多谈，即便告归。

归来细味其诗：在除夕夜大家团聚之际，他老先生一人独自投宿在凯悦饭店，下俯红尘，自悼孤影，其寂寞凄清之状，着实未可为怀。先生负如椽之笔，著书千万言，晚境竟至于此，文人之厄，亦一时代之悲剧也。

先生为世家子，文史学养，未易为不知者道。他写现代小说，也写历史小说；写随笔，也写端严的考证文章；能深入历史，担任历史的侦探或律师，却也能掌握时代之脉动，长期替报社撰写时论社评。就文章一道而论，近数十年来，博涉多优，黾勉宏富者，可谓并世无可抗手。

但文学批评界不重视他，只把他看成是一位通俗文类（历史小说）的作家，厕其位置于琼瑶、三毛、南宫搏、章君穀、卧龙生之间，绝少讨论他的作品。数十部小说，投石击水，尚且可生波澜；文学评论界对此，却仿佛未见一般。

至于他的文史考证，学界也很少注意。一般总认为他是写小说的人，驰骋想象而已，未必定具考证本领。何况他又未在上庠任教，故无徒众传习发扬其说，所以他批驳叶嘉莹等人之说，独树畸见，从风者亦甚少。从整个大环境来说，他所抱持的文化理想、历史观，以及对时代的建议，更是与世枘凿。时代的巨轮，正朝着他所期期以为不可的方向，不断前进。

因此，他确实是孤独寂寞的。这样一位著作鲜活留印在读者心版上的作家，冷然回眸时，竟然发现可与共语者，仅止门上的两位门神而已！

读其诗而哀其人，亦哀此世。

二、兴衰看遍

高阳暮年，时时为诗遣兴。诗意或雄豪，或衰飒，随情哀乐，读者莫能测其怀抱。其诗亦不自秘惜，随写随弃。偶逢一二友人，抄示之，以为笑乐而已。所以究竟他作了多少诗，怕是谁也弄不清楚。

据高阳说，他写诗论诗，多受周弃子先生启发。其实二人诗风殊不类似，高阳论诗尤与其考据工夫有关，非周弃子所能有。而且，高阳之诗并不像他的考证文章，很少掉书袋，偶尔用典，亦属于熟典，不甚罕僻。使典之巧妙处，多在隶事与用辞之巧，而非堆垛书卷。故其自诩，乃在诗法，而非典实，如下举这一首：

一枝教借凤城东，小砚长瓶花数丛。
笔下常惭名不称，书中真觉味无穷。
渐销剑气箫心日，犹斗诗肠酒胆雄。
倘问余生何所愿，环瀛万里补游踪。

这一首，有序云：“右六六初度漫赋一首。自谓此诗差得一‘满’字，题内无衍语，题外无胜义，谓之满。此同光诸贤论诗之诀也。”

这首诗除了剑气箫心一语，系用龚定庵句外，几乎全不隶事，但自喜其能“满”耳。这时的高阳，诗满，豪情也满。诗肠酒胆，意气风发。除谢盛名之外，尚欲壮游万里哩！

然而，自他真从台湾去大陆游历后，高阳的豪情却消歇了。写惯了历史小说、看遍了历史兴衰的他，在面对真正具体的沧桑之感时，竟也不能不深沉喟叹。如他往泰山时，夜半过徐州到薛城，曾作七律一首，说：“过得彭城又薛城，江淮霸气尽消沉。君王将相皆无种，盗贼圣贤各有名。都惜楼空怜弱质，熟思粮绝死雄兵。中天秦汉旧明月，亘古无言看不平。”

历史兴衰，一时看遍，其中自有若干荒谬、偶然及不公平处。这种真正的具体的历史感，对于这位半生从纸上描摹徐州、泰山的人来说，才是深刻且不能承担的。豪情壮志，一霎变成深切的哀痛，颇有无语可问苍天之感。

读高阳诗，除了赏其句法诗诀，于此似更宜善体其情。特别是他晚年心情之灰恶，在现实遭际之外，可能还有这一层因素。

也就是说，高阳虽出身世家，但少年离乡，他的历史感情与历史知识，多由书本中得来，所谓“书中真觉味无穷”。他是由此再建构一个他自己书写的历史王国的。这个历史王国中，存在着高阳对历史的理解与感情。那个历史，基本上是理性的，能找到兴衰之理则与秩序，明王圣相，英雄贤媛，忠奸善恶，俱可书写以为龟鉴。

然而，这个他所熟悉至极的历史世界，在亲身壮游中，却寸寸瓦解崩散了。故乡山川，沧桑之感，触动了他，历史的理解也产生了错倒荒谬之感，使他觉得极为困惑：“君王将相皆无种，盗贼圣贤各有名”，从书中的历史转换到现实的历史感情，使他有深刻的迷惘与失落感。

他曾有诗示我，谓从大陆返台以后，心情灰恶，而未明言其故。以上是我从他的诗中体会出来的一点解释。这样的解释，能否贴合其心境呢？我不晓得。

他去世时，恰好只有我站在他床边。目睹斯人憔悴，血迹模糊，不禁恻然。对我而言，具体的、真正的高阳正从现实走入文字历史。而面对这样的转换，我也有深沉的悲痛。

三、伤哉高阳旧酒徒

论高阳，宜仿高阳体，先谈掌故，再征文引献，徐徐进入本题，兼发议论。

兹所谓掌故，得从前文提到的周弃子先生谈起。

周先生是著名的诗人，但据王开节先生形容，他是“好之者誉为一代才人，短之者嘲为画饼名士”的人，文章自负而毁誉参半。高阳先生与之交契，时相论诗，饮酒剧谈，唱和时作。迨 1982 年周先生辞世，高阳不仅为文伤悼，且曾辑周氏论诗语，成《弃子先生诗话之什》，刊于《联合文学》第 4 期。生死交情，自足感人。

然世上本有不喜欢弃公的人，乃深以此为不然。某君即曾寄一文，痛斥弃公，并谓高阳替周氏捧场不恰当。某日，高阳置酒，邀张佛千、王开节两先生及我同往。席间出示一函，即某君大作；又徐徐袖出高阳自撰的覆文。文甚长，但关系甚大，我侥幸记得，默忆录于此：

志鹏先生足下：

奉到致成惕轩先生函复印件，约略数之，在两万四千字以上。吾乡项莲生有言：“不作无益之事，何以遣有生之涯？”其足下之谓乎？足下学宗程朱，言必称薛瑄、吕坤，何独不顾“彰死友之过，此是第一不仁”一语。竟谓：“赋性憨直，不能为乡愿。”是则吕坤为乡愿矣！是耶？非耶？弃子之为人，诚有可议，然如足下所言：“弃子既无谋财害命、因色丧身为人他杀之条件”，则纵令为人所恶，亦不过细行不谨而已。汉文帝时，有人盗高庙玉杯，论斩，而文帝以为当族。张释之谏曰：盗宗庙器当族，设有人盗陵，法何以加？衡以此义，如弃子“应打入拔舌地狱、应投入畜生道”，则谋财害命者，岂足下设有第十九层地狱以位置此辈乎？又足下引顾亭林言，以为衡量人品，应以乡评为定论。夫亭林此言，为乡举里选而发也。弃子既自署为弃子，即自知不同于乡评，无意于期其乡人举之为民意代表，则乡评可以存而不论。此恕道也。且夫乡评果足恃乎？安溪卖友，今成铁案，而当时乡评无有责之者，以致陈梦雷含冤莫申，投牒城隍。迨嘉庆朝，梦雷乡人陈寿祺犹作《安溪蜡丸疏辨》，诋斥梦雷，至谓天道甚神，梦雷所以不昌。试问所谓乡评者果何在？所谓公道者又何在？因思弃子若为余国柱，或者大冶乡评又是一番说法矣。总之，弃子之于足下，既无杀父之仇，亦无夺妻之恨，且已作古人，而犹毒訾之如此，其故安在，窃所未喻。如足下所言，不过弃子将足下不可告人之函件泄之于人而已。此诚弃子之过，然足下于四十余年老友之前，非议五十余年之老友，且形之于文字，此岂又端人之所为？至吾辈称道弃子，而足下竟谓之曰“可悲、可惜、可羞、可耻”，可笑孰甚！世人皆欲杀，我意独怜才，且无不可；矧为世意皆怜才，一人独欲杀之弃子乎？窃谓足下“四可”之说，无异夫子自道。可悲者，不及弃子之声名也；可惜者，以两万余字作此无聊之书札也；可羞者，老羞成怒，口不择言之状溢于言表也；可耻者，假道学之面目败露也。足下之学，程朱末流。学之善者为倭仁、学之不善者为徐桐。乖谬褊狭、狂妄自大，足下其俦也。下走与足下，素昧平生，乃明知其与弃子义兼师友，而投以此秽目之函，将谓下走可欺，虽辱其死友，不敢与较欤？

抑或以为下走未曾读许鲁斋、薛敬轩、吕心吾、顾亭林、张伯行之书，而可任尔滥引曲解，无从驳斥乎？二者有一，必自取其辱。休矣足下！“吉人之辞寡”，请三复斯言。

此文近千字，作于1986年7月杪。寄发否，我不知道；结果如何，我也未追踪，但我觉得这是了解高阳的绝好文献。

高阳对周弃子，惺惺相惜，情溢乎辞。当此文人相轻之世，有此义举，殊属难能。试思我辈居世，岂能处处妥善，不遭人批评？真不知身后负谤，谁能昭雪。故即此可以知高阳之性情。

而这种性情，又不仅出于他对周氏私人的交谊，更与他的历史观有关。

高阳屡云其史论及历史小说非常注意各朝代的中心势力。所谓中心势力，例如东汉的外戚与宦官、唐代的藩镇、明代的宦官。中心势力若在外戚宦官，必将导致亡国；若在藩镇，则必形成割据。唯有高级知识分子成为中心势力，方能导国步于正途。他所向往之政治，乃是一种文人或知识分子政治。

但是，作为一位文人，他又深知文人知识分子之间最严重的问题，就是文人相轻。故如西汉文景之治，唐朝的贞观、开元，北宋太宗末年至神宗朝，明代宣德、弘治两朝，清代的同光中兴等，文人能获用世，固皆能开一文治之局，然皆不旋踵而渐启门户之争。知识分子可能因意见之不同，逐渐发展成政策之争、权势之争，党同伐异，而遂酿为意气之争，驯致国本动摇。

对于这种争斗，他悼焉伤怀，屡于其著述中言之。我们读他的小说，写朝局变幻中权力斗争的种种情状，但觉其曲尽描摹、洞达人情，却很少人注意或理解他刻画这类争斗的用心。

据他的了解，明代东林与阉党的斗争，原是以地域分的派系发展开来的，后亦仍归于地域派系之对立，形成南北之争。此争不只把明朝争亡了，入清以后仍在争。丁酉科场案，即北派得八旗之助，痛击南派之结果。接着是“奏销案”“哭庙案”，南士饱受打击。直到辛酉政变时，南派始获大胜。戊戌政变，则是南北之争的最后一个回合，两败俱伤，清朝也完蛋了。这个观点，才是他写作小说的主脑所在，近几年的小说与史述，对此尤为强调。

因此，基于他的历史观，对于知识分子互相矜伐批评，他格外具有一种嫌憎感。这封信里，就强烈表达了这种情绪。护持友道，竟举安溪卖友为戒，可谓情见乎辞矣！

但是，高阳毕竟仍是文人，在他的理性思维中，对于知识分子的癖性与行为利钝，虽已洞若观火，然其感性生命，却仍不自觉地会表现出文人的生活形态。例如他讨厌文人相轻，可是基于其学养与历史见解，他也无法不轻视某些人，下笔亦往往有“不逊之辞”。这遂使他遭逢到与周弃子相同的命运，“好之者誉为一代才人，短之者嘲为通文县丞”。

通文县丞，是指中国笑话里描述的素不知文而效颦强作能文之县丞。某年，姜龙昭先生考证清代的香妃不是容妃，谓乾隆宝月楼中所藏之娇，并非容妃。高阳即表示不屑与之讨论，云姜先生“对考据的基本修养尚不具备，于清代的制度人物亦复茫然”，不拟奉陪。

此非独恶于姜先生，高阳与人辩难学术问题，往往如是。先是表示“欢迎来函质疑”；真辩起来，他又不耐烦了，觉得歪缠下去甚为无聊，指对手不具备讨论的资格。此即可显示其文人气。有人很欣赏他的文人气质，有些人则丑诋之。如江述凡先生就曾为此讥讽高阳是“通文县丞”（见1990年1月20日《世界论坛报》之《高阳，接招》）。

高阳当然不是素不能文而强效颦者，他的文字功力，求之当世，何可多得？他写时评社论，写掌故考据，更写小说，包括现代小说和历史小说，后者尤享盛名。这些东西，有共同的特点，即客观的叙述与理性的分析，擘理论事，深洞隐微，于人情物理之细致处，刻画发露之。笔下绝少自己的影子，所以他不是一位抒情型的作家。理性化的创作行为，使他的作品显得甚为冷静。然而，他本人其实是情胜于理的，感性流荡，歌哭无端，意气感激，每每不能自已。

这种特殊的态度，是了解其人与作品的关键。他的多愁善感，可举一例为说。

彼尝抄示所填词一阕，曰《高阳台》，有序云：“读《传记文学》六月号所载胡健中先生《雨花台畔》大作，略述杨丽珍事，着墨不多而悱恻动人。因忆朱竹垞有《高阳台》一首，哀吴江流虹桥女子因单恋而死，其情约略相似。某自大陆归来，心情灰恶，一事不能作。然词人项鸿祚有言：‘不作无益之事，何以遣有生之涯？’爰依竹垞原韵，赋此破闷。”词曰：

漫道无猜，久存默注，三年不识情深。宁忍分飞，临歧争共分阴，雨丝渐把红丝引；系红丝，不倩青禽。枉蹉跎，夜雨巴山，能不愧衾？

廿年重返长干，怅楼空人去，玉碎珠沉，折柳情怀，门前摇落长浔。昏黄落日台城路，揖荒茔，聊寄疚心。忆愁吟，惘惘当年，历历温寻。

此词调名《庆春泽》，高阳取其别名，既符情绪，似又兼指自己。序云探亲归来后之心情。他祖籍杭州已四百年，乔木世家，其《横桥吟馆》且被登录于《武林掌故丛编》中。离家南来，当然时思返里，尝有诗谓："乡关梦里疑曾到，世事杯中信不真。"故大陆一旦开放，他就由台返乡探亲。不料目睹家园落后，竟有了心结："不须泪眼望山河，但得还乡福已多。久客瀛洲吴自牧，梦粱心影竟模糊。"

在这种情绪中，作词破闷，以遣有涯，其意甚为可哀。触动其情者，其实只是一则小故事：胡君幼有一女同学，毕业时微露情意，但于抗战后返雨花台附近寻其墓，却未见。

这样一则小故事，竟触动了高阳的哀情，使他联想到清朝叶元礼在流虹桥边的事。古事今情，枨触万端，遂写下这阕词。

此可见高阳深厚的历史知识，未必足以平衡他在现实中所遭受的情感波动；反而是现实世界中小小的触动，因牵引历史而越发丰富深邃浓馥，使人沉浸于其中，享受这种情绪的震动，一往不返。

高阳处事，大抵如此。

例如他去彭园餐厅吃饭，吃着吃着，历史知识就跟口齿味觉连接起来了，于是大笔一挥，作一联曰：“彭家本具易牙手，园客同申染指心。”作了这一联之后，他整个人就进入到这个因历史与文字牵引点染的世界里去了，沉吟自赏。觉得“易牙”对“染指”实在是太妙了，可浮一大白。

然而现实与他经过历史感酝酿的现实未必是相符的，两者的差距，又往往令他恚愤。如他去秀兰餐厅，女主人殷勤招呼，他立刻牵连到历史感，撰一联云：“秀色可餐犹其余事，兰陵买醉舍此何求。”且写成一轴携往，并拉我同往。不料这次招待较为简慢，并无李白“但使主人能醉客，不知何处是他乡”之感，主人亦不娴史乘文墨。乃大怒，取回书轴，怏怏以去。

其他事，或类于此。意气感激的生命，因历史知识烹炼酝酿而越趋浓挚，故因事触情，一发不能已。

这样的生命态度，当然亦将使其如周弃子般“细行不谨”，也易为感情所扰。以历史侦探、历史律师、历史刑警自命，而时陷美人关中。读其未刊诗，如“最难消受美人恩，万里书来字字温。乍接艳光惊远客，相拥不语已销魂”“文字相知同骨肉，最难消受美人恩。今生且订来生约，卿在闺中我未婚”之类，辄为叹息。

这样饱谙世故、娴熟人间机栝、善于冷眼评断古今的人，其实哀乐逾恒，感不绝于心。他长于论事，却拙于安顿自己的生活，正缘此故（例如写胡雪岩经商，写得头头是道；自己去做生意，却赔得一塌糊涂等等）。其小说，貌似客观，不杂作者心影，实则其中有一种特殊的感情灌注流布于其间，原因亦在于此。

先生为文，字逾千万，平生负气任情，谤誉俱多。然知音既少，知交亦复寥寥。检点形迹，殊觉其寂寞。因草草叙其杂事、明其多情，以为世之读高阳作品者助。

四、历史侦探久寂寥

高阳先生之文，我幼时于报端日日读之。其小说在《联合报》连载时，有一阶段配以陈海虹先生的插画，精彩相发，尤为吾侪所喜。但当时望先生，如隔云端，殊不敢想象居然有一天也能亲接謦欬。

后以各种因缘，竟常追陪谈谦，饱饫绪论，自己亦感到有些不可思议。这或许是因为先生日益衰老，当世少可与共语者，故偶尔拉我做个听众罢。然亦因此而使我对他暮年心境及为学写作之用心，略有所知。

他以世家子游世，俞平伯先生即是他的姑丈，故家学文史，功力不同凡响。然其寝馈浸淫，其实下了非一般人所能及的苦功。治学撰文，渐如人之呼吸，真是不择时不择地，随时都在进行。每与谈谐，事实上也都在论学。谈文论艺、说古述今，往往包罗万古，滔滔不绝，但主要是在讨论他又发现了什么新的历史疑案。

底下是一封他给我的长函，抄示于此，以见此“历史侦探”癖性之一斑：

鹏程吾兄：

接覆示，欢喜无量。弟懒于作书，而以报尊札耿耿莫释，则知真欢喜矣。刘麻之诗《世载堂集》，弟原有此书，且得指点，已检获其诗。为冒孝容《董小宛》刻本而作。此君笔名“舒湮”，吾友戴良曾为言之。亭林不独以武侯自期，亦以武侯自许自负，观其“遥看白羽扇，知是顾生来”之句，踌躇满志之状如见，可知筹思之熟。弟自谓于董小宛入宫事，“寸寸积功，一一发覆”，及今始知犹有未发之覆，即亭林之大战略也。承示清帮三祖隐“亭林”二字，此真至可宝贵之启示。吾友戴良，身系洪门，渠之见解与众不同，谓洪门乃反清之“地下工作”者；而清帮则为反清之“反间谍”。故清帮可公开身份，而洪门则绝不能。清洪一家，由钱潘二祖道号所隐德亭、德林观之，似信而有征。弟之清帮为最大之工会组织说，似犹未能尽其底蕴。符五即为开节先生，弟实孤陋。拟俟稍得闲，奉约王、周两公共见一叙。不知一周之中，以何日为便？乞即见示，以便安排。草稿两篇，谈《周易》者，弟惭不能读；论清初诗坛比兴一文，则读之数过，深为钦敬。弟砚田所入，本自不菲，奈何自作孽，于股市中曾膺巨创，故迄今债台难下。近拟编撰清史方面智识趣味并重而有史学价值之书数种，自印自销。除《董小宛入宫详考》以外，预定书目有《清朝十大疑案史料辑考》及《十朝诗乘笺注》两书。十大疑案开列如附纸；《十朝诗乘笺注》，则加工之项目，计有标点、人名注释、典故注释及本事笺解等，工程浩大，须多觅助手，不知兄于此事有兴趣否？倘荷惠然赐助，拟请兄主编此两书。弟意甚诚，并已请皇冠以前主持出版之杨兆青兄合作，主管业务。将来校印诸琐务，皆不必烦心。如何之处，并祈示覆为祷，匆此，敬候文安。

这封长信是了解他晚年工作的重要线索。他的《胡雪岩》脍炙人口，经商者往往倚之为枕中鸿宝。可是高阳徒能坐而言，不能起而行。自负精于理财、熟谙商场情状，却因炒股票，弄得债台高筑，晚境独居，尤感寂寞凄清。

然在写这封信时，他还在打算搞出版事业，希望编《十朝诗乘笺注》等书。这些书当然是有价值的，但出版此类著作，焉能赚钱？从这个地方看，便可见高阳先生毕竟是个读书人，非真能营生者。

他所说的清朝十大疑案，是指孝庄下嫁、顺治出家、雍正夺嫡、雍正暴崩、乾隆身世、孝贤道殁、同治天花、慈禧之疾、慈安之死、光绪死因。

据我所知，他对历史的研究，晚期尤肆力于清史。近几年，除了撰写对李商隐《无题》诗的解释外，几部著作，如论曹雪芹、翁同龢、董小宛等，笔锋皆集中于清朝，且集中于这十大疑案。如论董小宛入宫，反驳孟森之说，是涉及顺治出家问题的。论曹雪芹，写《红楼梦断》等，是涉及雍正夺嫡及乾隆的身世之谜。

对于这些疑案，他早有研究，亦有若干相关论述以及历史小说描述其事。但抽丝剥茧，不断发现新的材料与证据，使得他觉得仍有再予侦探的必要，故乐此不疲，并邀我与他一道从事于此。

可惜我的学力不足以胜此重任。《十朝诗乘笺注》之编、十大疑案之考，徒成口谈，未付实践，思之真觉惶惭。

不过，当时所讨论者，殊不限于此十大疑案，例如他后来写《丁香花》，记龚自珍与顾太清的故事，或此处所谈到的清洪帮问题，积功发覆，亦非一日。皆久疑难定，一再侦探者。

这封信里所说的顾亭林事，是因他反对一般讲清史的人之看法，认为清帮固然是船漕工人所聚合的工会形态组织，但仍负有与洪帮类似的“反清复明”目的，只不过表面上似已受乾隆招安了而已。他曾举此意询我，我报书举黄侃序顾亭林《原抄本日知录》中语，谓旧有此说，认为清帮虽奉潘、钱、刘三祖，但实为顾亭林所创立。故钱祖与潘祖之道号即为德亭、德林。刘禺生（因麻脸，故称刘麻）《世载堂杂忆》亦尝论及。他觉得这些材料均可替他的想法添加佐证，所以十分高兴。

他所高兴的，不只是为清帮问题添加了一点可供谈助的材料，或者在学术研究上又可立一新说，而是发现了顾亭林的“大战略”。这才是他治史的真正精神手眼所在。

盖其小说与史论，每每牵率于英雄儿女之间，或写朝局变幻，从情节与主题上未必看得出什么伟大的名堂，不过叙故实、演传奇耳。然而，作者高阳其实是具有宏观历史视野的。他纵观每一个时代，努力找出那个时代纷纭复杂历史事相之中，真正值得让我们注意的人物与史迹，借着描述这样的人物与史迹，提示我们历史兴衰的原理。

从这一方面说，他表彰如曹彬、汤斌这样的人物，他借一些小人物（如小白菜）来显示历史社会整体面貌，既足见历史之大，亦可以示人借鉴。

再从另一方面看，他又如上文所述，十分注意历史发展的中心势力。他认为唯有高级知识分子成为时代的中心势力，才能开统一之盛运。不过，知识分子成为历史中心势力时，往往不可避免出现门户之争，党同伐异，又逐渐动摇国本。他的小说、史论乃至时论社评，辄为此意而发，此即先生之大战略也。

他虽不善营生理财，不善经理个人的生活与情感，但书学万人敌，读书既破万卷，自然就会筹思经理天下，使民长治久安之道。自称历史的侦探，其实还是自谦了。世人但以通俗小说家、以掌故家、以考据家视之，更不免将他看得忒轻了。先生其亦以顾亭林、诸葛武侯自居者乎？

当然，武侯与亭林之战略，昭见于事功与著述。高阳先生则圣贤寂寞，仅以一高阳酒徒之名，博得世人一点叹息而已。书生大言，大言遂以其为书生所言而不为世所重，呜呼！

五、不死酒仍日暮醉

走笔及此，因忆先生尚有惠我数函，聊征一二，以慰忆念，并增读友谈资。其函曰：

（一）

鹏程吾兄惠鉴：

弟于四月十六日，自老爷大厦移居敦化南路三五一巷十四幢二楼，即光武东村，在复旦桥之东。若由桥而北，过桥墩见有罗曼蒂西餐馆，其旁一巷，即寄楼所在。入屋之日，首接《联合报》转来之尊札，中心欢喜，莫可名言。盖启我蓬荜，乃曰吉之兆也。

承示吃菜事魔渊源，颇开茅塞。向读钱宾四先生论东西文化之著作，以为中国文化返求诸己，方寸之间可以安身立命，故无宗教，颇以为是。近年则渐生怀疑，弟以为宗教信仰乃人生本性之一，与生俱来。惟此本性可由各种形式表现耳。中国文化之根源在“敬天法祖”四字，统摄道德、人事，涵盖过广，故原始宗教如拜物教之类，无法立足。及儒家兴起，斥为异端，乃成罪恶。然而佛教至中土乃大，实中国人宗教本性之借腹生子也。惟是任何宗教皆有高低两层次。佛教在梁武帝、李后主扶持之下，发展为精纯细微之形式；而佛图澄托庇于石勒，即不能不以玄术显。乃杂道教方士而流为白莲教。盖为儒家所排斥，而益不得向较高形式之发展。夫理学之有朱陆异同，而思想较开明者，倾向于陆，下及阳明。则陆王之纳禅，即为中国人本性中具有宗教信仰之肯定。惟清朝以朱为正宗，于是有泰州学派之兴起，有黄崖教之悲剧。白莲教自清末以来，北则冀南，南则鲁西，即自束鹿广客，下迄梁山泊，始终不绝，而观其一贯道、鸭蛋教等各目，则知流品愈下愈滥，为害亦愈禁愈烈，此皆不能承认现实之故也。兄谓与义和拳绰有渊源，具见卓识。

白莲教之影响至为广泛。弟以为所发生之最大作用，在清洪帮。洪门尚别有来源，清帮则论其规矩、势力，纯然白莲教之较高形式。又弟以为清帮称漕帮者，实清初之最大工会组织，其力量虽雍乾二帝所不敢忽视。惟在美国可出参庙议之闵尼，而中土则唯吾杭清帮一家庙，秘密供奉“三祖”而已。率尔放言，乞恕之。

董小宛入宫事，弟自谓“寸寸积功，一一发覆”，为弟半生摸索文史，堪告慰于知己之微绩。近以兄之启示，重读亭林诗集，颇有心得。按：小宛被劫之际，正亭林北游南还“重至京口”之时，赋诗结句曰“遥看白羽扇，知是顾生来”，盖以武侯自许，则仿西施沼吴之计，亦情理中所许之事。

王符五先生不识为何人，其言可知其详否，均求见示。再者，“晚”之一字，万不敢当。叩头叩头。专此顺侯
时祺

弟高阳拜上　　五月五日

（二）

鹏程吾兄：

兹定于本月二十日星期六下午六时半，在林森北路枫林小饭邀宴王符五先生。拟屈吾兄作陪。座有周弃子先生，张佛千、

王壮为两公大致亦会到，此外无杂宾矣。至乞命驾为盼。顺颂时祺

高阳再拜，二月十八午夜

第一函是接我去信谈到摩尼教、清帮、顾炎武诸事后的回复。他那时正研究清史，写晚清慈禧的《玉座珠帘》早已洛阳纸贵，万口称赏；兼写翁同龢、李鸿章，亦大体蒇事，有雄心将整个清代疑案考证一过。故尝作《董小宛入宫详考》，并邀我同辑《清朝十大疑案史料辑考》与《十朝诗乘笺注》。其中涉及董小宛者，我读其稿，曾为他检出刘禺生题冒孝容《董小宛》刻本诗等材料，此则论摩尼教等事者。

他研究清帮与洪门，即世俗所称之青红帮，有一见解，谓清帮乃最大之工会组织。此组织虽又名安清帮，以扶清安邦为宗旨，若恰与洪门相反，而实相表里。洪门是地下组织，清帮是反间谍，打着红旗反红旗。

而创建这样庞大的组织，殊非易易。试想清帮遍布整个漕运码头及相衔接之长江、黄河口岸，所有水手之衣、食、老、病、死、葬均归帮中综理；纠纷斗殴、钱粮出入，亦概由帮中处置，非有绝大手段，焉能整齐之?

这创建清帮庞大组织以厚植反清复明人力者，他依古来传说及洪门的朋友所述，认为即是顾炎武。我附和其说，举出一些材料，说清帮在杭州有一“家庙”，供奉翁、钱、潘三祖，其中钱、潘二

祖道号中就隐藏了亭林二字。他大喜，另有函与我论其事，如上文；我亦在《宗庙制度论略》一文中讨论了清帮的庙制与孝祖大典。

本来此事至此便可告一段落，但清帮又不只是工会形态或宗族形态而已，它上上下下是信奉罗教的。罗教乃明正德年间罗清所创，以《五部六册》行化，奉无生老母、讲真空家乡，似佛非佛，似道非道，在明清间影响民间宗教很大，形成不少分身。可是，此教到底渊源如何，与白莲教又是什么关系，论者众说纷纭，高阳也觉得很困惑。我故去函略说其与摩尼教之渊源；与白莲教之关联；与清代各民间宗教，包括义和拳之流衍等。这是先生较陌生之领域，因此得信忻喜，跟我发了以上一大通议论。

由此议论，亦可见先生之宗教观。许多人谈中国文化而并不注意宗教问题，即或研佛论道，也仅由学理哲思上说，不能由宗教面去掌握。钱穆先生固然如此，唐君毅、牟宗三、徐复观诸先生亦然，更莫说民间宗教了，如此，岂能真知中国社会文化哉？高阳先生因我之说而生的感慨，其实就很有引人深思之处。

里面还谈及清朝以程朱理学为正宗，因而激生了泰州学派，出现黄崖教的悲剧。读者可能会生疑：“泰州学派乃明代王学之支流，何以先生说是由清代压抑宗教而生，岂语误耶？”按：黄崖教案，指周太谷创立太谷教，聚其徒众于山东肥城黄崖，官兵以为邪教，派兵剿灭，数千人同时罹难的惨事。太谷教，乃泰州学派之发展，其实是个儒家的学派，只因采用了祭天等宗教仪式，兼且聚众，故被视为邪教，遭了剿灭。剿灭后，此教北宗遂亡，唯南宗秘密流传。

写《老残游记》的刘鹗即此派传人，《老残游记》中之隐语，均与其教有关。先生所云，即此泰州学派发展成之太谷教也。

第一函末尾提到“王符五先生不识何人”。王先生开节，字符五，其人其事，我曾在《学诗记事》等文中介绍过。他们原本熟识，高阳平时仅称其名，经我提醒，才猛然省忆，因而遂有后来屡邀共餐，如第二函之事。

另外，我原先是尊先生为前辈的，他本来也准备挑徒弟。可是我采访过他以后，又有上述书信往来之情况，他就坚持不准我自称“晚”了，只以平辈相交。这是前辈虚怀之证。文末云云，即指此事。

第二函便是我们交游的状况了。通常由他置酒、找地方、邀人（通常是雅人），我敬陪之。我那时住在桃园龟山，他常打电话来催我搭车去台北聚谯。

此番雅集，诸公都是诗文书法兼擅的大家。周弃子，我在前面已多处谈过，他卒后，我还校刊过他的集子，才人生涯，难以言赅。曾见董桥《春台遗韵》论及弃公，可备参考：“弃子先生是湖北大治人，一九一一年生，一九八四年殁，在四川、贵州做过省政府主任秘书，也在银行做过事，天生孤傲，一生困顿……自号药庐，居室改叫未埋庵：我已无生但未埋！……我十分喜欢周先生的《未埋庵短书》，从台南来回百读到香港，白里透文的篇章其实比他的旧诗还要凝练还要丰厚。徐先生说周弃子的字也自成一体，改天替我求一幅。……等了三年徐先生终于寄了周先生给我写的旧作条幅到英国，咖啡滴泪，爵士吞声，辛酸到了极点，何凡和林海音两位先生在香港我家看到这幅字不胜欷歔。”

王壮为，河北易县人，民前三年生。来台后曾任陈辞修先生记室，后在各大学教授书法篆刻，书印相发，为渡海一大师，沾溉无数。有《玉照山房诗》《书法丛谈》等著。

张佛老，民前四年生，曾任国民党总政治部设计委员、台湾“防卫司令部”政治部主任等职。因孙立人案退役后，在各大学讲授新闻学。因擅撰联，俗谓联圣。时在《联合报》所撰《一灯小记》，颇志文坛之盛。

如此组合，可视为我们聚会的示例。高阳乃美食家，后来还曾自开一餐馆，故提点肴馔、指挥庖治，功力不下于驱遣文字。他又善饮，所作《古今食事》自谓：“我之好酒成癖，并非侍饮先君而来，是儿时与老仆盘桓，他吃烧杨梅，我喝杨梅烧养成的癖好。”然高阳酒徒，温克多情，使酒却不骂座，唯肆其广见博知，与诸公雅谑清谈，故俱有掌故可说。弃公有诗说他：“倾囊都识酒人狂，煮字犹堪抵稻粱。还似屯田柳三变，家家井水说高阳。”诚然。

唯弃公之诗，何以由饮酒径自谈到写作？是的，高阳之写作辄在酒酣耳热中。

他的本职，原是《中华日报》主笔，负责写社论。社论代表报社发言，针对国政大事，出诸谠论庄语，是他理性化的表现，业余写现代小说则属副业。后来偶作历史小说而大受欢迎，实出意外。待历史小说稿约越来越多，现代小说与剧本便逐渐不能写了。

时间分配，大抵白天上班，观察时事、写社论，晚上才能作小说。可是夜气侵人，无酒不欢。而酒酣耳热，高睨大谈，又何暇写作？直到夜色渐深，各报馆看看不行了，只好侦骑四出，找到高阳，站在桌边立索。

那时报社仍是铅字排版，所以有截稿时间之压力。因高阳的小说很受欢迎，编辑只得特地留版，教一组排版工加班，待高阳续稿一到就付排。可他老先生正置酒高谈中，浑不当一回事儿。直到取稿人实在按捺不住了，才在桌边索纸疾书数千言，让人家火速送回报社。

他每天要在好几家报上连载。各个故事之起讫首尾，甚至朝代都不同，而且前一天登到哪里，怎么可能记得？随写随发，竟能一丝不乱，各就秩序。若非目见，绝不相信世上会有这等事。

须知他写的是历史小说及考证文章。再高明的教授学者，也得在书斋甚至图书馆中獭祭老半天才能动笔，他却成于若不经意之间。腹笥之宽、记诵之博，岂有涯涘？又何况是在酒中。凡人饮酒，皆头昏脑胀，或晕沉，或胡言乱语，他却是诗酒双畅，边喝边谈，文章一边就写成了。随手掷去，绝少脱期。如此才调，我亦不信当世还有第二人。

我那时还在读博士班，一个未出茅庐的穷小子，随诸公之后，啖美食，饮美酒，又饱餍文德，得识前辈典型，真是莫大的福分。于今思之，曷胜黄垆之痛？

我的俄国朋友李福清

2018年我要在陕西汉中召开世界汉文化大会，而央视恰好又与深圳电视台合作拍摄大型纪录片，由我策划，报道世界各国保存、发扬汉文化的情况。因而由我领队往访莫斯科、圣彼得堡拜访相关机构。

我与俄罗斯汉学界有点渊源，其中最可叙述的，是与李福清之交谊。这次来莫斯科，本想联系她女儿，聊申忆念。可惜行程匆遽，未能如愿，颇为惆怅。

1988年，我与李明滨、刘锡诚、马昌仪诸位结识，老友王孝廉又从中联系，遂得以与苏俄著名汉学家李福清订交。

他们几位都对我的学术生涯影响甚大。孝廉乃徐复观高徒，但未继续做儒学研究，东渡扶桑去钻研神话学了。长期在东亚各地做田野调查，成果斐然，文酒双豪，后来还远道来佛光大学授课，支持我办学。刘锡诚、马昌仪夫妇亦神话学大家，把毕生藏书也都捐

了给我。李明滨呢？我在北京与他相遇，聊起来才知他出身正是我淡江大学后山上的李氏家族，幼时去厦门读书，因战乱，不能归，遂在厦门生长，后入北大。以擅长俄文、俄国汉学，执掌北大俄文系，还得过普希金奖。我读大学时，常月夜携酒去山上李氏宗祠玩，阒寂无人，遥契玄冥。如今得遇李家后人，大生亲切之感，乃替他办理入台交流事，令他可以入台讲学并处理家族事务。

我的神话学、俄国汉学知识，多由他们几位来。李福清跟他们都极熟稔，因而也与相熟。知其底蕴之后，我便开始请他赴台讲学。

“李福清”这个名字是他自己取的，乃其姓氏的音译。但译得好，使人误以为他本是中国人。确实，又有多少人能像他那么懂中国呢？他能说能写中文，对中国的文化，尤其是“小传统”那部分贴近老百姓生活的，如传说、故事、小说、戏曲、生活习俗等等，乃是世界级的专家。像马昌仪就专门写过《李福清孟姜女专著内容概述》，介绍他对万里长城故事与中国民间文学体裁问题的研究。一位外国学者对中国的研究，能得到中国同行大专家这样的肯定，并非易事。

特别是他在这方面有通贯的了解。不似我国学者，研究小说的，不太往上做古史神话，也不太会做小说版本这种文字层面之外的戏曲研究。从鲁迅以来，讲《三国演义》的就泰半不懂三国戏和各地三国曲辞、唱腔、皮影；讲《红楼梦》的也基本不讨论红楼戏，只在抄本、批本、印本、档案、史料、小说情节上斗机锋。因此，相较于李福清，我们反而显得窄、局促、小家子气。

所以我要邀他到台湾。但那时要去台湾，谈何容易！他听了，很激动。因为出乎意料，也深知不易成行，故站起来吸了一口气，向我深深鞠了一躬。

他是个大胡子，典型的俄国人特征。然而，台湾人当时已几十年没再见过俄国大胡子了。苏联并未解体，台湾地区也还在戒严的气氛中，想办成此事，确是费我气力不小。

好不容易办成了，他也不能直接来，得由香港转。因此他先进内地，再赴香港。我则在台湾安排好接待事宜，各媒体也翘首以盼。毕竟是四十年来第一位抵台的苏联学者啊！

他到香港以后，入住酒店，准备次日即搭机来台。可是谁也没能想到，他拟出去看看市容，一步出酒店，就被车撞了。香港是英制交通规则，行人车辆靠左走，他没料到这一层，立刻被撞晕了过去。后来还是由苏联派武官赴港，将之接回治疗。

次年我在北京碰到他，说："嘿，看起来治疗效果还不错，一切如常了。"他说："不然，头好了，但两眼看东西不能聚焦，很滑稽，恐怕不能再读书做学问了。”苏联眼科，举世知名，对此竟束手无策吗？于是我们找了一位中医，在他耳后扎了一针，两眼居然又能聚焦了，大家不胜雀跃。我说：好啦，既然治好了，我再请你去台湾吧！

于是又奔走一通，终于让他顺利赴台。台湾各界对苏联专家讲中国小说十分好奇，因此我请淡江大学、《中国时报》等配合举办之讲座皆极为轰动，令大家体会了一番俄国汉学的风采。

李福清不只是个人的研究极为精深，他对苏联整体汉学文献及研究情况也十分熟悉。例如早在 1963 年李福清就发表了苏联科学院收藏中国木版石印版小说的总目录，让我们知道许多过去没见过的序言和插图。

1964 年，他又发现了列宁格勒东方文献所收藏了一本谁都不知道的八十回《石头记》抄本，有大量异文和未经见的批注。与孟列夫合作写了报道，举世震惊。后来台湾潘重规先生还特地设法探险式地进入列宁格勒，写出了对“列藏本”的研究。继而大陆方面也于 1984 年正式派出周汝昌、李侃、冯其庸等人去列宁格勒观验，拍成照片带回，形成学术史上非常具有传奇性的事件。

1966 年，李福清又发表了他对莫斯科、列宁格勒各地图书馆藏中国俗文学作品，如小说、弹词、鼓词、子弟书、大鼓书、牌子曲等一百五十多种的调查，其中有不少也是过去前辈学者所没见过听过的。

正因为如此，所以他是最适合整体介绍苏俄汉学状况的人。

1981 年《文献》杂志早就发现了这一点，约请他撰写《中国古典文学研究在苏联》一书。该书后来由田大畏翻译，由我于 1991 年引入台湾，在学生书局出版。辅翼他来台讲学，让大家对他、对苏联之汉学研究有更深入、更全面之理解。

然而，赴台讲学之意义不只于此。

一是他到台湾一趟不容易，因此他们科学院还委托了他任务。原来，一百年前，他们一位研究员即曾在台湾阿里山做过调查研究，写了一本俄语与阿里山邹族的语言比较词典，尚未杀青。后来局势之发展，使得此类计划无法继续做了。这次他既能入台，机构自然希望他能设法完成此作业。他问我该怎么办。我恰好有学生蒲忠成是阿里山邹族人，遂由忠成领他入山，研究调查一番。

他本是田野调查高手，其《三国演义》研究之被人推崇，就是因为其中对扬州评书、苏州评弹、北京评书的调查研究可以系统说明口语传播与书面文学之间的关系。1977 年他还出版过《东干民间故事与传说》，调查了中亚东干族（甘肃回族后裔）薛仁贵传说与《薛仁贵征东》《薛仁贵征辽事略平话》的关系等等。现在既深入邹族山村，除了继续语言方面的语料采集和语音记录之外，乃竟发挥其神话学所长，把邹族神话做了极深入的研究，开拓了他学术生涯的又一村。

二是我们闲聊时，谈及列宁格勒还藏有大量中国年画。我觉得这是个好题材，怂恿他做一场演讲。这也是苏联藏有中国年画在台湾的首次报道，后来影响深远，令他成为李明滨先生所说的“俄罗斯收藏年画推广宣传第一人”。他所编的《中国木版年画集成·俄罗斯藏品卷》成为中国民间文化遗产抢救工程重要成果，历时三年多，承俄罗斯二十余家博物馆的鼎力支持，甄选出俄藏中国木版年画数百幅，绝大部分是在中国难以见到的孤本与珍品，系国内首次出版。李福清还撰写了八万余字的论文《中国木版年画在俄罗斯》。

三是李福清本人后来便常来台湾，在各大学讲学，并参与王秋桂、林明德等人以《民俗曲艺》为阵地、研究故事传说戏曲等的学术社群，成为台湾文史学界的一员骁将。

但这时我已去政府服务，主管两岸文教交流业务，忙得不可开交，与他的论学机会竟渐渐少了。后来他回莫斯科，联系遂又渐渐中断。鸿远无声，徒存遗憾而已。

由学术上说，李福清是很可观的，他译袁珂《中国古代神话》后记中不但评析了袁珂的观点，还比较了中、西、日文相关论述，并有长达一百六十六种中国神话的研究目录。这在1966年，何可多得？

20世纪70年代，他做唐人传奇研究，又拿《枕中记》《樱桃青衣》故事等和印度、蒙古、土耳其、西班牙、日本、俄罗斯各民族民间文学中相似者做比较。这也是我国学者罕有之视野。

他做《水浒传》研究时，则通过人物分析等详细说明了从《大宋宣和遗事》到英雄史诗《水浒传》，再到长篇小说《金瓶梅》的过程。这个长篇小说形成的过程，我国学者一般不注意，或竟撇开不谈。研究《金瓶梅》的，虽都知道故事是由《水浒》拉出来的，却基本也不去研究《水浒传》。这便可见李福清或他所代表的俄罗斯汉学学风，比我们更重视长时段、大脉络。

另外，早在1963年他就与卡扎科娃、司徒洛娃发表过苏联收藏的宝卷目录，其中颇有孤本。相对于国内这些年宝卷研究之寥落，许多中文系毕业生竟连宝卷是什么都不知道，益发令人感慨系之。

过吟松阁怀古龙

怎么读一位作者？

《史记》自述，说司马迁“读孔氏书，想见其为人。适鲁，观仲尼庙堂车服礼器，余低回留之不能去”。讲的是他读孔子书时对孔子的感情。

古龙当然不能跟孔子相比，但一位作家能给予读者的钦迟感动其实类似。古龙逝已三十三年，而其形貌音声，辄与其笔下人物情境交糅错置于吾人眼前呢！

近年我大部分时间旅居大陆，年前返台，忽想去台北阳明山下的北投吟松阁住住。褰寒而去，居然断垣残墙，不胜沧桑。询之，始知年久失修，日式老木屋须要整葺，已暂停营业了。无奈乃赁其旁之春天酒店住了。日于楼上近视彼阁，遥想昔年古龙在此与影星柯俊雄喋血饮酒之事，亦与司马迁一样，低回留之不能去。

吟松阁血案，使古龙伤了手，不再能称情使刀了。

笔就是他的刀。可是手已被刀所伤，乃有晚年口述代笔等事。侠客未老，而刀手不相应，无疑也是纵情麴乡的原因之一。

本来古龙之沉湎酒国，原因不止一端，但晚来情怀愈恶，必与此有关。

可是古龙作为一名真正的侠客，能不有此风波吗？

历来武侠文学或可别为两类，一是纸上谈兵，如明人小品说的“一切亭台楼阁皆于印章上起造”。所以千门万户、侠武帮会，均可纵情肆想，甚且超玄入幻、飞仙遁地。但作者之性气、生命、经历未必即与书中人物相关相等。

文艺创作本有此一格，写妓女当然可以不必是妓女，写侠客、刺客也自然未必要去杀人。

但另一种类型就是人艺合一型的，司马迁说他看了孔子的书就能想见孔子之为人，指的就是这一种。其《屈原列传》说：“余读《离骚》《天问》《招魂》《哀郢》，悲其志。适长沙，过屈原所自沉渊，未尝不垂涕，想见其为人。”讲的也是。

这种人，作品只是他的镜子，镜子里面显示出来的乃是他自己。

因此，前一种类型，动人者在作品，读者犹如钱锺书说的，只须吃蛋，不必管下蛋的鸡长什么样或性格如何。后一种类型，动人者其实更在作者。作品不过镜象而已，读者常欲超以象外，得契心源，故读其书往往想见其人，为之悲其志。

古代侠义小说，其中便不乏侠盗中人现身说法者。如《水浒传》有孙述宇先生等研究者认为即是“强人写给强人看的小说”。强人，即强梁要横之人。例如南宋画家萧照早年参加过抗金义军，后入太行山做了强人；一次劫到画家李唐，乃拜之为师学画。最后竟补入画院为待诏，又补迪功郎，赐金带。《水浒》讲的，也可能是类似萧照这样既是抗金义军亦是强盗的故事。

这虽只是一种推测，但侠盗中人现身说法的，近代小说其实就很不少。众所周知，平江不肖生早在日本留学时即浪游于町人妓院间，所著《留东外史》便多是“个中人语”。后写《江湖奇侠传》，亦多缘于亲身经历的江湖。其后写帮会技击的代表人物郑证因，本身也精擅技击。

这类个中人，现身说法，对于读者来说，自然会增加其武侠作品中描写帮会规矩、切口暗号、组织架构、江湖人行事风格、口吻性气、举止动作、武术技巧等等的可信度与亲切感。因此纸上谈兵的作家往往也要咨询于他们，以免闭门造车，有时不免说豁了边。例如宫白羽写《十二金钱镖》等时，就常与郑证因商量。

但我前文说的人艺合一型，却还不是平江不肖生、郑证因这一类的。他们固然有江湖阅历，所交亦多侠武中人，但其知是效用于作品的。“经验之知”虽不同于由书籍文献上得来的“闻见之知”，然其贯注于作品，则无二致。没这些经验之知的人，若本领大，仅由文献考索，参以心领神会，亦不难得其仿佛。何况，写小说，凭虚幻构之功更甚征实，因而是否真属个中人，并非关键。

近代小说家还珠楼主、金庸便是纸上谈兵、凭虚幻构的代表，只是风格上一超越现实，一拟构真相而已。至于作品与作者本人之关系，则都是松散乃至有隔的。作者未必侠，而作品中侠气纵横，久已倾倒众生。

古龙小说写帮派、写武功、写江湖人之行事，早期得诸平江不肖生、郑证因、朱贞木、诸葛青云、司马翎；其后荡抉窠臼，自构格局。其实就是舍弃了历史性、征实性、经验性的写法，趋向于纸上谈兵。

因此他的帮派、武功、江湖人行事等，描写常有天马行空、不符理实之处。例如傅红雪全身穴道可以移位一寸啦、剑每每从不可思议之角度刺出啦之类。评论者据此说他“技进于道”，不写具体的招式动作，而写心、写道、写气氛。又说其作品模糊化时代、历史、地理、组织，直探心曲，刻画人物。都对。但此与金庸等人之分别仍只在“迹”上。

真正令古龙可以不朽的，或许不是这些“迹”，甚至不是那些作品，而是他足以令人“读其书，想见其为人”的那个人。

我们看楚留香、李寻欢、陆小凤、西门吹雪、谢晓峰、阿飞，想起的常常不是楚留香、李寻欢如何倜傥多情或无情，他们如何大战水母阴姬和上官金虹，而是古龙。是他这个令人“悲其志”的大头酒徒。

对古龙来说，饮酒，或魏晋人所言“痛饮酒，熟读《离骚》”，即其生涯。小说写作，实等于酒后说的几通寓言。或前言不接后语；或酒阑兴尽，戛然而止；或我醉欲眠卿可去，撒手不管了；或兴高采烈，纵酒酣歌，写得畅快；或思忖再起酒局，别翻酒令。用心，也确实常是用心的，但总像烟瘾人戒烟，用心不坚，故态往往复萌。

他的爱情，也和小说相似，或也与酒相似。能浓烈，不能如茶般寡淡，令人清醒。小说写女人，如醉中言事，讲得洞若观火，尽在指掌，实际“座中醉客延醒客，江上晴云杂雨云”，难解难辨。似梦，而可惜又并不是梦，只是局中局外谁也说不清楚。

这么说，自非否定古龙作品的价值。其实醉中言本即真实语，且近乎诗。古龙小说不适合如金庸作品那般去分析其结构、叙事手法、人物成长历程；他也没机会如金庸那样重新删修补订，使之经典化。事实上本来也不需要。酒中言语，多有胡涂、啰唆、错杂、荒诞、奇诡之处，然醉态可掬，反令人爱，读之想见其为人。《楚辞》不也如此错落啰唆、恢奇曼衍吗？

或曰古龙小说似诗，兴来无端，每有灵思，正由于此。这些奇谲的言语，也反而因此更能让人感受或贴近作者之灵魂，激起想一探其“志”的心理。

古龙逝世这么多年了，他的友人还能如此怀念他，仍在不断想见其为人、不断悲其志，恐怕也与我以上所说有直接关系。其他武侠名家，不废江河，当然也都值得忆念，但没有谁能像他这样令人低回不忍遽去。

我以为这才是真正的侠。

侠不在事功上见，否则隐沦者便不能称侠；侠不在纸上显，因为豪情托诸空言，未必能见于行事。侠是气质。行或不轨于正，言或无益于时，然嘘朋引类，人乐于交。近，喜其弗有拘检；远，思其略无畔岸。然后找出他的遗文剩稿来，读两段以当小酌。

这就是古龙的魅力。至于交谊深浅，理解多少，对其“志”又作何诠释，却是人人不同的。而虽不同，亦无害大家对他这个人的怀念，也是古龙魅力所在。

我由北投回到淡水时，道逢陈晓林兄。这么些年，他是最怀念古龙，也最能不负故友，为之检点身后遗事的人。他示我甫出版之程维钧《本色古龙》，并说将再出版覃贤茂《评传古龙——这么精彩的一个人》《武学古龙——古龙武学与武艺地图》《经典古龙——古龙十大经典名著点评》，把稿子交我携回北京细看。

我对诸君能花那么大的气力来评述古龙，晓林又能如此仗义地出版，实是不胜钦仰，故归来都详细拜读了。

《评传古龙》依王国维说的“细探行年，曲探心迹”之办法，总说其生平，以悲其志。《武学古龙》则另以兵器、人物、武功、美酒、菜谱、隽语等各角度分析古龙作品，睿见迭出。《经典古龙》细评作者心目中的古龙十大经典作品排行，而以《欢乐英雄》为第一神品，因为他认为欢乐英雄才是古龙本心及自我期许。古龙经典名著排行，素有见仁见智之别，而作者秉笔抒其所见所信，固自有其理据也。总之，此“古龙三书”整体篇幅宏大，用力甚勤，且明显有着自己特殊的见解。

我于古龙小说，未尝下过如许工夫，读时随机随缘，仅择所爱，故不能如贤茂这般全面。其中洞见胜解，尤多开豁心胸，十分欣庆古龙幸运地有此读者与评者。不过因其分析主要在作品方面，故以上补说了些关于读古龙超以象外的部分，以供参考。